Paul Pollack

DONAURADWEG ALTERNATIV

Paul Pollack

DONAURADWEG ALTERNATIV

Passau – Wien in 20 Varianten

NP
VERLAG NIEDERÖSTERREICHISCHES PRESSEHAUS
St. Pölten – Wien

2. Auflage 1993

Einbandgestaltung: Atelier Rendl, Wien
Einbandfoto: Bildagentur Mauritius, Wien
Fotos: Paul Pollack, Wien; Burgmusuem Clam (Seite 61),
Stadtamt Enns (Seite 49); Manfred Fritscher, Strengberg (Seite 55)

Gesamtherstellung:
Niederösterreichisches Pressehaus Druck- und Verlagsgesellschaft mbH,
A-3100 St. Pölten, Gutenbergstraße 12

ISBN 3 85326 953 2

INHALTSVERZEICHNIS

	Vor dem Start		7
1. Etappe	PASSAU – SCHLÖGEN		
	Variante Süd	64 km	9
	Variante Nord	58 km	17
2. Etappe	SCHLÖGEN – ASCHACH		
	Variante Süd	19 km	23
	Variante Nord	45 km	26
3. Etappe	ASCHACH – LINZ		
	Variante Süd	44 km	30
	Variante Nord	36 km	34
4. Etappe	LINZ – MAUTHAUSEN		
	Variante Süd	41 km	42
	Variante Nord	36 km	50
5. Etappe	MAUTHAUSEN – GREIN		
	Variante Süd	49 km	54
	Variante Nord	38 km	58

6. Etappe	GREIN – YBBS		
	Variante Süd	26 km	67
	Variante Nord	47 km	68
7. Etappe	YBBS – MELK		
	Variante Süd	35 km	76
	Variante Nord	30 km	81
8. Etappe	MELK – KREMS		
	Variante Süd	56 km	85
	Variante Nord	54 km	94
9. Etappe	KREMS – TULLN		
	Variante Süd	59 km	105
	Variante Nord	61 km	111
10. Etappe	TULLN – WIEN		
	Variante Süd	17 km	126
	Variante Nord	62 km	129
	Ortsverzeichnis		135
	Anzeigenteil in topographischer Reihenfolge		139

VOR DEM START

Der „Donauradweg alternativ" ist nichts für Anfänger und Untrainierte. Er ist die sportliche Variante zum brettelebenen Uferbegleitweg, ein mitunter recht harter Konditionstest für alle jene Radler, die sich eben ein bißchen mehr zutrauen (dürfen). Auf jeden Fall aber ist er ein unvergeßliches Erlebnis, erschließen die Routen doch die reizvollen Landschaften beidseits des Stromes, von dem sie sich durch ihre Höhenlage im wahrsten Sinne des Wortes abheben. Was Schönheit und Vielfalt anbelangt, brauchen sie den Vergleich mit dem Donautal durchaus nicht zu scheuen.

Der „Donauradweg alternativ" hat darüber hinaus noch einen Vorteil: Er ist so konzipiert, daß er Etappe für Etappe, ja sogar abschnittsweise, mit dem Uferbegleitweg kombiniert werden kann oder – wie es der Verlagslektor musisch ausgedrückt hat: „Der Donauradweg ist der Generalbaß, über dem auf und ab die Alternativ-Routen sich wie Melodien schwingen."

Das heißt: Sie müssen den „Donauradweg alternativ" nicht durchfahren. Sie können Ihre Willensstärke und Ihre Kondition testen, indem Sie einzelne Etappen und Teilstücke davon in Angriff nehmen, die Extratour jedoch auch immer dann abbrechen und zur Donau zurückkehren, wenn sie zu anstrengend für Sie wird.

Auch in konditioneller Hinsicht „gemischte" Gruppen können so eine Tour donauabwärts wagen. Denn wenn, um nur ein Beispiel zu nennen, der konditionsstarke Vater und der mit Bärenkräften ausgestattete Sohn sich für die bergige Alternative entscheiden, können Mutter und Tochter, beide dem Radfahren weniger zugetan, den bequemeren Uferweg wählen. Am Etappenziel kommen ja alle wieder zusammen.

Im Prinzip ist der „Donauradweg alternativ“ so angelegt, daß man ihn mit jeder Art von Fahrrad schafft. Dort wo Streckenabschnitte des Geländes oder des Fahrbahnzustandes wegen nur mit robusten (Mountain-)Bikes zu bewältigen sind, wird in diesem Buch eigens darauf hingewiesen. In jedem Fall gibt es Ausweichmöglichkeiten.

Wenn in der Routenbeschreibung Steigungen mit „steil“ oder „sehr steil“ qualifiziert werden, so gilt hiefür der Durchschnittsfahrer als Norm. Sollten Sie bei sich selbst andere Maßstäbe anlegen – was ich verstehen kann –, so bitte ich um Verständnis.

Ich hoffe, daß Sie jene Kraft und Ausdauer besitzen, die Sie brauchen werden, damit Ihnen diese Alternative zum Donauradweg Spaß macht. Auf jeden Fall aber wünscht Ihnen bergauf und bergab gute Fahrt

Ihr Paul Pollack

Wien, im Jänner 1992

Ihre Route

Die Strecke Passau – Schlögen zeigt Ihnen auf der Nord- wie auf der Südroute, was Sie erwartet, wenn Sie den Donauradweg sportlich-alternativ absolvieren wollen. Ihre Kondition wird, praktisch vom Start weg, schonungslos gefordert. Dem ersten Steilanstieg von Passau nach Freinberg folgt sofort ein zweiter nach Esternberg. Dort können Sie sich erstmals die kritische Frage stellen, ob Sie so weitermachen wollen.

Halten Sie durch, dann steht Ihnen eine sportlich anspruchsvolle Radtour in einer wunderschönen Landschaft bevor. Beantworten Sie die Frage aber mit Nein, dann können Sie in Esternberg abbrechen, zum eigentlichen Donauradweg abfahren und die Tour bequem den Strom entlang fortsetzen.

Aber noch ist es nicht soweit. Erst müssen Sie den Berg hinauf.

Aus Passau herauszufinden ist nicht schwer: Wenn Sie den Bahnhof verlassen, geht es zunächst einmal rechts durch die Bahnhofstraße, dann über eine ampelgeregelte Kreuzung (*Achtung*: zum Geradeausfahren einreihen!) durch die Nikolastraße, bis Sie anstoßen.

Am Ende der Nikolastraße folgen Sie nicht links dem Verkehrsfluß, sondern Sie fahren rechts, in Richtung Krankenhaus. Das ist die Innstraße.

Nach 200 m geht es links über den Innsteg, von dem Sie einen herrlichen Blick auf die Altstadt haben. Nach dem Steg fahren Sie links durch das Stadttor von Innstadt, halten sich dann aber rechts und radeln durch die Jahn- und die Römerstraße bis zum Kapuzinerplatz. Wenn Sie sich jetzt nochmals halbrechts halten, sind Sie auch schon aus der Stadt und am besten Weg nach Wien.

Der bequemste Weg ist es freilich nicht. Der würde unmittelbar an der Donau entlangführen. Ihr Weg beginnt an der Stadt- und Staatsgrenze schweißtreibend zu werden. „Freinberg" zeigt der Wegweiser, und das ist nur über eine 2,5 km lange, ziemlich starke Steigung zu erreichen. Damit haben Sie es zunächst einmal geschafft, auch wenn die Straße weiter ansteigt. Richtig „oben" sind Sie erst in Asing, wo Sie links Richtung Esternberg abbiegen müssen.

Esternberg liegt nach der Karte nur um einen Meter höher als Asing, aber dieser Meter hat es in sich. Zwischen den beiden Orten lauert nämlich der tiefe Kößlgraben, der den einen Meter um eine kurvenreiche, 2 km lange Abfahrt und 3 km Steigung verlängert, die allerdings in drei Etappen gegliedert und daher etwas gemildert ist.

Machen Sie weiter?

Gut.

Das Schlimmste haben Sie ja schon hinter sich. Bis nach Vichtenstein und weiter nach St. Aegidi gibt es nur noch ein sportliches Auf und Ab, einige Steigungen ziehen sich zwar, doch sie sind nicht mehr so steil. Der Weg führt immer auf dem Höhenrücken, so daß man einen phantastischen Ausblick auf das Donautal und das gegenüberliegende Mühlviertel hat.

Nach dem Ortsteil Dorf führt eine 500 m lange Gefällestrecke hinunter zum Kesselbach, die Steigung auf der anderen Seite hat etwa die gleiche Länge. Das alles wiederholt sich, ehe Sie Waldkirchen am Wesen erreichen, von wo Sie wieder ins Donautal gelangen können.

Wenn Sie durch Waldkirchen radeln (das ist der kürzeste Weg), fahren Sie am Ortsausgang zunächst bergab bis zu einer Kreuzung; dort weist Sie ein Wegweiser geradeaus nach

St. Agatha (die Betonung liegt auf dem ersten A) ein. Das Terrain bleibt unverändert hügelig, zu den Straßenwegweisern gesellen sich die kleinen grünen Tafeln des Sauwald-Radweges.

Achtung: Ehe Sie sich die Straße nach St. Agatha (603 m) hinaufmühen, sollten Sie folgendes bedenken: Mit einem Mountainbike können Sie, noch bevor Sie St. Agatha erreichen, nach links Richtung Mitterberg abbiegen. Die Route ist zunächst asphaltiert, vom letzten Bauernhof aber führt nur noch ein sehr steiler Waldweg nach Schlögen. Er ist wirklich nur mit Mountainbikes zu bewältigen und nur geübten Fahrern zu empfehlen, bei Schlechtwetter jedoch zu meiden.

Diese Abkürzung zu benützen ist nur dann sinnvoll, wenn Sie wirklich nach Schlögen wollen. Hängen Sie – wie dies die meisten tun – gleich die zweite Etappe nach Aschach an, so ist es besser, nicht nach Schlögen abzufahren, sondern über St. Agatha direkt nach Haibach zu radeln. So ersparen Sie sich den kräfteraubenden Anstieg von der Donau hinauf ins 528 m hoch gelegene Haibach.

Den Umweg über St. Agatha – er ist kurz, weil es von dort fast nur noch bergab geht – sollten auch jene wählen, die auf keinem geländegängigen Fahrrad (mit ausgezeichneten Bremsen!) sitzen.

Wen es gleich nach Schlögen zieht, der braucht auch auf der anderen Seite des Tales nicht nach Haibach hinauf, sondern kann es die Nibelungenstraße hinunter zur Donau hübsch laufen lassen.

Wissenswertes, Sehenswertes

P a s s a u ist mit Wien nicht nur durch die Donau verbunden. Von der Drei-Flüsse-Stadt aus – Sie liegt am Zusammenfluß von Inn, Ilz und Donau – wurde die gesamte Donauregion bis weit hinunter nach Ungarn kolonisiert und christianisiert. Durch ein Jahrtausend (von 739 an) war Passau das Zentrum des größten deutschen Bistums. Der ungarische König wurde nach dem Passauer Schutzpatron Stephan benannt, der Stephansdom in Wien war bis 1468 eine Tochterkiche Passaus, und auch das Benediktinerstift Göttweig bei Krems, an dem Sie noch vorbeikommen werden, ist eine Gründung des Passauer Bischofs Altmann.

Diese kirchliche Macht dokumentiert sich bei einem Rundgang durch Passau auf Schritt und Tritt. Der die Stadt beherrschende – zunächst gotische – Dom, der sich wahrscheinlich aus der Kirche eines Römerlagers entwickelte, wurde nach dem großen Stadtbrand 1662 im Barockstil wiederaufgebaut. Er beherbergt heute die mächtigste Orgel der Welt. Sie hat 16.744 Pfeifen, von denen die größte 11,3 m und die kleinste 6 mm mißt. Die holzgeschnitzte und vergoldete Kanzel mit 16 Figuren wurde 1726 in Wien angefertigt.

Der Domplatz war ursprünglich nur dem kanonischen Adel zugänglich. Die Domherren wohnten in den 16 Kapitelhöfen, die den Platz begrenzen.

Die Barockisierungsbemühungen der Passauer Bischöfe sind auch an der „Alten Bischöflichen Residenz" zu erkennen, doch kommen hier die romanischen und gotischen Elemente noch deutlich zum Vorschein. Im Gegensatz dazu ist die „Neue Bischöfliche Residenz" ein klassischer Barockbau.

An der Paulskirche, der Stadtpfarrkirche, können Sie nicht vorübergehen, denn an ihr vorbei und unter ihr durch windet sich der Verkehr durch den sogenannten Paulusbogen zur Altstadt. Nach dem Dom ist das sicher der meistfotografierte Winkel der alten Bischofsstadt. Ein zweiter solcher Durchschlupf befindet sich auf der Innseite der Stadt, nahe der Marienbrücke.

Das Rathaus, ein spätgotischer Bau mit Front zur Donau, ist ein durch ein Gewirr von Treppen verbundenes Esemble von sieben mittelalterlichen Häusern. Am Turm finden sich Hochwassermarken, an denen man ablesen kann, welch gewaltigen Überschwemmungen die tieferliegenden Stadtteile ausgesetzt waren. Dort erinnert ein Relief an die Wittelsbacher Prinzessin und spätere Kaiserin von Österreich, „Sisi“, die hier auf ihrer Brautfahrt nach Wien das Schiff bestiegen hat.

Das Pendant zum Rathaus auf der Innseite ist die Michaelskirche. Diese ehemalige Jesuitenkirche wurde gleichfalls nach dem Stadtbrand als reiner Barockbau wiedererrichtet.

Zu dieser Kirche gehörte das ehemalige Jesuitenkolleg, heute Gymnasium und Hochschule, mit frühbarocken Hofanlagen und prächtigen Arkadengängen.

Nach einer Besichtigung des Klosters Niedernburg und des sogenannten Schaiblingturms am Ufer des Inn sollten Sie noch bis zum Drei-Fluß-Eck spazieren, wo Inn, Ilz und Donau aufeinandertreffen.

Auf der anderen Seite der Donau, an der Einmündung der Ilz, liegen die Veste Niederhaus und die Veste Oberhaus, in der heute ein Museum untergebracht ist. Jenseits des Inn liegt Innstadt, ein Städtchen von 1800 m Länge, aber nur 200 m breit. Darüber Kloster und Wallfahrtskirche Mariahilf. Vor dem Stadttor nahe dem Innsteg befindet sich die Severinskirche, die älteste Kirche der Stadt. Der hl. Severin war der erste Bischof von Passau. Er starb 482 in Mautern bei Krems, zog also wie Sie die Donau abwärts. Hier, vor Innstadt, stieß man bei Grabungen auch auf die Fundamente des Kastells Bojadurum, einer Festung aus dem letzten Jahrhundert der römischen Herrschaft.

Passau besteht allerdings nicht nur aus Hochkultur, Blasengeln und anderen Sehenswürdigkeiten. Die Drei-Flüsse-Stadt rühmt sich, noch immer fünf Brauereien zu besitzen, in den Biergärten gibt es kräftige bayrische Kost.

Nur der Passauer Knödel ist nichts zum Essen, sondern ein kugelförmiger Springbrunnen im Hof einer Sparkasse in der Ludwigstraße.

Nicht vom Innsteg, auch Fünferlsteg genannt, weil man früher für die Benutzung ein Fünferl als Maut zahlen mußte, sondern bereits vom österreichischen Freinberg aus können Sie einen letzten Blick auf das Panorama von Passau werfen. Das Gasthaus Blaas, etwas außerhalb des Ortes gelegen, ist der Platz, auf dem einem Passau „wie ein Schiff entgegenkommt". Typisch für die Gegend des sogenannten Sauwaldes ist der alte „Troad"kasten, in dem einst Getreide eingelagert war; heute beherbergt er ein Heimatmuseum. In der Nähe von Freinberg liegt auch ein 140.000 m^2 großer Wildpark mit über 600 heimischen und exotischen Tieren.

In der halb im gotischen, halb im barocken Stil erbauten Kirche von Esternberg befinden sich einige kunsthistorisch wertvolle Grabplatten. Zu den Kuriosa, die man im Ort immer wieder zu hören kriegt, gehören eine Eintragung in die Sterbematrikel und die Sage von der Burg Krämpelstein. In der Sterbematrikel wird am 2. Oktober 1690 vom Tod des Paulus Hersdorfer berichtet, zu dem der Pfarrer anmerkte: „Er war der Älteste der Pfarre, 189 Jahre."

Von der Ruine Krämpelstein, die auf einem fast in die Donau überhängenden Felsen liegt, wird berichtet, daß dort einst ein Schneider allein mit einer Ziege hauste. Als das Tier starb, wollte es der Schneider vom Felsen in den Strom werfen, dabei verfing sich ein Horn des Tieres im Wams des Schneiders, und er wurde mit in die Fluten gerissen. Seither heißt Krämpelstein, das aus einem römischen Beobachtungsturm hervorgegangen ist, im Volksmund „Schneiderschlößl".

Die Burg Vichtenstein ist um 1100 entstanden und war seither immer bewohnt. Die Herrschaft, zu der einst 30 Steuergemeinden, 7 Pfarreien und 109 Dörfer gehörten, wechselte im Laufe der Zeit öfters den Besitzer, gehörte dreieinhalb Jahrhunderte dem Bistum Passau und fiel schließlich, als 1779 mit dem Frieden von Teschen das Innviertel zu Österreich kam, dem Staat zu. Der verkaufte 1861 das Schloß, das sich heute noch in Privatbesitz befindet und daher nicht zu besichtigen ist.

Eine in Europa, wenn nicht gar in der ganzen Welt einmalige Attraktion hat der Ort St. Aegidi zu bieten. In der alten

Burg Vichtenstein

Erletmühle – auf Ihrem Weg noch vor dem Ort – gibt es einen Forellenzirkus. In den Sommermonaten (täglich 10^{h} – 12^{h} und 14^{h} – 18^{h}) läßt der „Zirkusdirektor“ seine zahmen Artisten durch Reifen springen und ähnliche Kunststücke vorführen.

Die Gemeinde Waldkirchen am Wesen entwikkelte sich aus der Herrschaft Wesen, die in der Burg Oberwesen ihren Verwaltungssitz hatte. Teile dieser Burg kann man heute noch besichtigen. Auffallend im Ort ist das große Gotteshaus, das durch Erweiterung einer gotischen Kirche entstanden ist. Bei dieser 1906 durchgeführten Vergrößerung wurde auch der mächtige Turm aus Granitsteinen angefügt. Einer Sage nach sollte die Kirche ursprünglich an einem anderen Ort gebaut werden, doch das bereitgelegte Bauholz verschwand über Nacht und wurde am nächsten Tag, in Kreuzform aufgeschlichtet, mitten im Wald gefunden. Dort wurde dann die „Waldkirche“ gebaut.

Ihre Route

So wie die Südvariante dieses Abschnitts hat auch die Route nördlich der Donau selektiven Charakter. Dennoch würde ich diese Strecke als die leichtere bezeichnen. Landschaftlich steht sie der Südroute kaum nach, zu besichtigen gibt es auch nicht viel mehr. Sie ist eben eine Etappe, bei der das sportliche Moment überwiegt.

Aus Passau herauszufinden ist auch in diesem Fall nicht schwer. Wo immer Ihr Ausgangspunkt sein mag: Fahren Sie hinunter zur Donau und folgen Sie der Lände stromabwärts, am Rathaus vorbei, und überqueren Sie die Donau auf der Luidpoldbrücke. Von dort weg ist der Donauradweg bereits markiert.

Am Donauradweg geht es bis zur Abzweigung nach Kellberg.

Hier biegen Sie links ab, fahren unter der Bahn durch und haben schon die erste große Steigung vor sich. Der Anstieg hinauf in den Bayrischen Wald, durch Kellberg nach Bad Kellberg, ist mehr als 3 km lang.

Ab Bad Kellberg folgen Sie dem Wegweiser Richtung Rothenkreuz. Der Abschnitt beginnt mit einer rasanten Talfahrt (11% Gefälle).

Nachdem Sie die Erlau überquert haben, müssen Sie den Höhenverlust wieder wettmachen. Diesmal ist es kein Steilanstieg, sondern eine dieser leichten Steigungen, die so richtig in die Beine gehen.

An Hundsruck vorbei kommen Sie nach Rothenkreuz. Wieder ist ein Tal zu meistern: 600 m Talfahrt, 600 m Bergfahrt. Noch zwei Wellen und Sie sind in Untergriesbach. Dort fahren Sie erst einmal rechts, dann links und schließlich noch einmal rechts, dem Wegweiser Richtung Jochenstein folgend.

Es ist verlockend, die großen, weiten Kurven bergab bis Lämmersdorf durchzufahren, aber das wäre die falsche Richtung. Sie müssen unterwegs links nach Hastorf abzweigen: So kommen Sie auf den sicher schönsten Abschnitt dieser Etappe, einen asphaltierten Waldweg, der noch dazu leicht bergab nach Wüstenberg führt. Im letzten Stück steigt diese Straße wieder an, aber in einer so schönen Gegend würde selbst das Schieben Spaß machen.

Der Weg mündet nach einer neuerlichen Talfahrt ein in jene Straße, die um den Rannasee verläuft. Sie müssen dieses idyllische Gewässer im Uhrzeigersinn umrunden, fangen also links an und biegen dann zweimal rechts ab. Auf diese Weise erreichen Sie Kappel und, die Landesgrenze passierend, Oberkappel. Im Ort stoßen Sie auf eine Weggabelung, die reichlich mit Wegweisern bestückt ist, darunter auch eine gemeindeeigene Tafel, die nach links auf den Seeweg weist. Der Weg selbst zweigt einige Meter weiter nach rechts von der Straße ab.

Achtung: Wenn Ihr Rad besonders empfindlich ist (Rennrad), sollten Sie auf der Straße nach Hochhaus fahren.

So aber kommt jetzt ein landschaftlich sehr reizvoller, wegmäßig aber nicht so perfekter Abschnitt am Rannastausee entlang bis zur Staumauer. Wo der Weg wieder auf die Straße trifft, müssen Sie sich links, die Kehren hinauf, nach Hochhaus und weiter bergauf bis ins 600 m hoch gelegene Altenhof mühen. (Hier tauchen wieder grüne Radwegweiser auf, denen Sie nach Hofkirchen folgen können.)

Gerastorf, Hötzendorf und schließlich Hofkirchen liegen noch oben am Plateau, die Straße, die diese Orte verbindet, ist hügelig. In Hofkirchen haben Sie die Wahl: Sie können sofort nach Niederranna zur Donaubrücke abfahren; dies für den Fall, daß Sie ans andere Donauufer müssen.

Bleiben Sie jedoch am Nordufer der Donau, dann sind es von der Brücke noch neun ebene Kilometer zur Fähre Au–Schlögen. Wollen Sie dorthin, so fahren sie geradeaus durch Hofkirchen und über Schloß Marsbach hinunter zum Donauradweg.

In beiden Fällen steht Ihnen eine „unendliche“ Talfahrt bevor.

Wissenswertes, Sehenswertes

Das 485 m hoch gelegene Kellberg im südlichen Bayrischen Wald ist, wie der Zusatz „Bad“ andeutet, ein Luft- und Badekurort, in dem man aber auch die Kunst des Wünschelrutengehens, die sogenannte Radiästhesie, erlernen kann.

Der Ort Untergriesbach rühmt sich seines hübschen, von historischen Gebäuden umsäumten Marktplatzes, auf dem auch noch ein Pranger zu finden ist.

Auf einer der höchsten Erhebungen über dem Rannatal steht, weithin sichtbar, das aus einer Gruppe von Gebäuden bestehende Schloß Altenhof. In einer Urkunde bereits 1204 erwähnt, wurde das Schloß im 17. Jahrhundert um- und ausgebaut. Nach einem Brand 1724 mußte es jedoch nochmals von Grund auf erneuert werden.

Der Markt Hofkirchen im Mühlkreis hat sich sein historisches Ortsbild bewahrt, obwohl der Ort wiederholt durch verheerende Brände eingeäschert wurde, das letzte Mal 1902. Die Kirche erlitt ein ähnliches Schicksal, auch sie wurde von einem Feuer 1764 zerstört, danach aber im Barockstil wiederhergestellt.

Das Schloß Marsbach war einst der Sitz des letzten Raubritters an der Donau. Othmar Oberheimer, so hieß der Mann, trieb es schließlich so arg, daß sich Herzog Ernst von Bayern 1520 persönlich aufmachte, um die Burg zu erobern, was ihm mit Hilfe der Passauer Bürger auch gelang; den Raubritter aber ließ er enthaupten. Die Burg, die bis zur Säkularisierung 1803 passauisches Verwaltungszentrum war, befindet sich heute in Privatbesitz und kann wegen schwerer Bauschäden nicht betreten werden.

Auch der kleine Ansitz Freizell, heute ein schmuckes Wohnhaus, direkt an der Donau gelegen, war Schauplatz einer blutigen Geschichte. 1659 wird der damalige Besitzer, Graf Tattenbach, von einer Räuberbande überfallen und mit seiner Familie und seinen Bediensteten ermordet. Die Täter wurden gefaßt und hingerichtet.

Falls Sie es brauchen

E 1 Variante Süd

Passau Bahnhof, DDSG-Station, Schiffsrundfahrten, Arzt, Apotheke, Bank, Gasthöfe, Campingplatz, Jugendherberge, Freibad, Hallenbad, Museen
Zimmernachweis und Auskünfte: Fremdenverkehrsverband Tel. 06/0851/51408

Freinberg Arzt, Apotheke, Bank, Gasthaus, Museum
Zimmernachweis und Auskünfte Tel. 07713/8244

Esternberg Arzt, Apotheke, Bank, Gasthaus, Campingplatz, Freibad
Zimmernachweis und Auskünfte Tel. 07714/255

Vichtenstein Bank, Gasthaus
Zimmernachweis und Auskünfte Tel. 07714/8055

St. Aegidi Bank, Gasthaus
Zimmernachweis und Auskünfte Tel. 07717/355

Waldkirchen am Wesen Arzt, Apotheke, Bank, Gasthaus, Campingplatz
Zimmernachweis und Auskünfte 07718/255

Mitterberg (Gemeinde St. Agatha) Campingplatz

St. Agatha Arzt, Apotheke, Bank, Gasthaus, Freibad
Zimmernachweis und Auskünfte Tel. 07277/8255

Schlögen (Gemeinde Haibach ob der Donau) Schiffstation, Gasthof, Campingplatz, Hallenbad, Fähre
Zimmernachweis und Auskünfte Tel. 07279/235

E 1 Variante Nord

Kellberg (Gemeinde Thyrnau) Arzt, Apotheke, Bank, Gasthaus, Bademöglichkeit
Zimmernachweis und Auskünfte Tel. 08501/282

Untergriesbach Arzt, Apotheke, Bank, Gasthaus, Hallenbad
Zimmernachweis und Auskünfte Tel. 08593/1066

Wüstenberg (Gemeinde Wegscheid) Fremdenzimmer

Kappel (Gemeinde Wegscheid) Gasthaus, Campingplatz
Zimmernachweis und Auskünfte Tel. 08592/477

O b e r k a p p e l Arzt, Apotheke, Bank, Gasthaus, Freibad
Zimmernachweis und Auskünfte Tel. 07284/202

A l t e n h o f (Gemeinde Pfarrkirchen i. M.) Gasthaus
Zimmernachweis und Auskünfte Tel. 07285/415

H o f k i r c h e n Arzt, Apotheke, Bank, Gasthaus, Freibad
Zimmernachweis und Auskünfte Tel. 07285/255

N i e d e r r a n n a (Gemeinde Hofkirchen) Schiffstation, Gasthaus

S c h l ö g e n s. Variante Süd

E 2 SCHLÖGEN – ASCHACH Variante Süd 19 km

Ihre Route

Die Etappe Schlögen – Aschach ist kurz, kürzer als jene des Donauradweges, da sie die berühmten Donauschlingen abschneidet. Dafür ist zwischen Schlögen (288 m) und Haibach ob der Donau (528 m) ein Höhenunterschied von 240 m zu überwinden.

Das klingt nach nicht viel, aber Sie werden sehen, wie sehr Sie all ihre Kräfte aufwenden und all Ihre Berggänge einsetzen müssen, um dieses erste Stück zu bewältigen.

Los geht es auf der Nibelungenstraße, also der Bundesstraße, leicht bergauf, an einem Wildschweingehege vorbei – das riecht man –, bis sich in einer leichten Rechtskurve auf der linke Seite Hinweistafeln auf eine Jausenstation und für Urlaub am Bauernhof finden. Dort müssen Sie rechts abzweigen.

Schalten Sie rechtzeitig, denn die Steigung beträgt stellenweise 15%, wobei das wirklich steile Stück 1,5 km lang ist.

Oben an der Kreuzung geht es rechts ab. Damit ist der Anstieg nach Haibach allerdings noch nicht geschafft, denn wie Sie sich sofort überzeugen können, liegt der Ort noch ein Stück höher. Dazwischen fällt aber auch noch die Senke des Fuchsbaches ab, so daß Sie nochmals 1000 m Steigung überwinden müssen, ehe Sie Haibach erreichen.

Im Ort fahren Sie rechts. An der Kreuzung außerhalb des Ortes finden Sie grüne Markierungen des Radweges. Jetzt geht es nur noch ein kleines Stück bergauf, dann folgt auch schon die Talfahrt, die Sie in radlerfreundlich großen, übersichtlichen Kurven hinunter ins Eferdinger Becken bringt. Sie passieren noch die Orte Lacken, Hart und Haizing, dann sind Sie auch schon am Ziel: in Aschach.

Wissenswertes, Sehenswertes

Wenn Sie sich schon die Mühe gemacht haben, die Höhe von Haibach zu erklimmen, so sollten Sie auch die Aussicht genießen, die man von hier oben über die Schlögener Donauschlinge hat. Der Weg zum Aussichtspunkt zweigt von Ihrer Route nach Haibach ab.

Aschach, ihr Etappenziel, ist ein uralter Schiffermarkt mit zahlreichen romantischen Gasthöfen und hübschen Kaufherrenhäusern, deren Front der Donaupromenade zugewandt ist. Die kräftigen Farben der stuckverzierten Häuser entsprechen der Originalbemalung der Barockzeit.

E 2 SCHLÖGEN – ASCHACH Variante Nord 45 km

Ihre Route

Die zweite der nördlichen Etappen steht in ihrem Charakter der vorangegangen um nichts nach. Da sich die Donau noch immer durch ein enges Tal schlängelt, muß die Alternativ-Route zwangsläufig hinauf auf den Berg führen.

Und sie tut es gleich zweimal. Denn Obermühl, Untermühl und Aschach liegen an der Donau, den Fluß entlang gibt es aber keine Verbindung zwischen den drei Orten: Sie *müssen* über den Berg.

Die ganz harten Burschen klettern von Schlögen nach Haibach hinauf und fahren von dort zur Donau und zur Fähre nach Obermühl ab. Die weniger Harten radeln sich zunächst einmal zwischen Schlögen und Kobling am Donauradweg die Muskeln warm, für beide beginnt dann drüben, auf der Nordseite, der erste Anstieg. Die bisweilen ziemlich starke Steigung führt durch Starz, nach etwa 2 km geht es rechts ab Richtung Rohrbach und Hühnergeschrei. Die Ortschaft mit dem interessanten Namen lernen Sie leider nicht kennen, denn Sie halten sich in der Folge Richtung Linz, das heißt, daß Sie bei der nächsten Weggabelung wieder nach rechts abzweigen müssen. Die gesamte Steigung ist fast 5 km lang.

Oben befindet sich wieder eine Weggabelung, da geht es rechts Richtung Untermühl. Damit haben Sie zwar die Höhe erklommen, die Steigungen jedoch noch nicht hinter sich, denn das Gelände ist mühlviertlerisch wellig bis hügelig.

Erst hinter Steinerberg beginnt die Abfahrt hinunter nach Untermühl, zuerst in weiten, dann in immer engeren Kurven.

Sie überqueren die Große Mühl, halten sich dann links, und schon geht es wieder den Berg hinauf. Nach etwa 2 km Steigung kommt die Abzweigung in Richtung St. Martin, es geht aber weiter bergauf, an Schloß Neuhaus vorbei. Die Steigung ist insgesamt gut 4 km lang. Dabei liegt das Schloß nur etwa 150 m über der Donau, St. Martin im Mühlkreis, der höchste Punkt dieser Etappe, um 120 m höher.

Ab St. Martin können Sie bereits den Wegweisern nach Aschach folgen. Anfangs müssen Sie noch ein paar Hügerln überwinden, aber im großen und ganzen geht es schon bergab, durch Landshaag bis zur Donaubrücke bei Aschach.

Wissenswertes, Sehenswertes

Das enge Flußtal zwischen Schlögen und Aschach ist wohl einer der schönsten Abschnitte der österreichischen Donau. Auf dem Weg zur Fähre kommen Sie an dem alten Donaudorf Inzell vorbei, in dem es ein kleines, denkmalgeschütztes Kirchlein gibt.

Von Kobling führt eine Fähre dann hinüber nach Obermühl, das eigentlich Neu-Obermühl heißen müßte, denn als das Kraftwerk Aschach gebaut wurde, mußte die ganze Ortschaft geschleift und neu aufgebaut werden. Nur der alte Kornspeicher unmittelbar an der Donau ist noch im Original erhalten. Seine beiden unteren Stockwerke wurden von den Kraftwerksbauern einfach eingegraben.

Das Schloß Neuhaus mit seinem hoch aufragenden fünfseitigen Bergfried und seiner bis ins Mittelalter zurückreichenden Geschichte hätte allerhand Sehenswertes zu bieten. Es befindet sich jedoch in Privatbesitz und ist daher nicht zu besichtigen.

In der Pfarrkirche von St. Martin im Mühlkreis, einem zweischiffigen, gotischen Hallenbau, finden sich noch sechs gotische Glasgemälde, die um Vierzehnhuntertundetliches entstanden sind.

Das Kraftwerk Aschach ist das zweite einer ganzen Kraftwerkskette an der Donau. Mit der Staumauer wurde der Wasserspiegel des Flusses um 16 m gehoben.

Falls Sie es brauchen

E 2 Variante Süd

Aschach Bahnhof, Schiffstation, Arzt, Apotheke, Bank, Gasthaus
Zimmernachweis und Auskünfte Tel. 07273/355

E 2 Variante Nord

Haibach ob der Donau Arzt, Apotheke, Bank, Gasthaus, Hallenbad
Zimmernachweis und Auskünfte Tel. 07279/235

Obermühl (Kirchberg ob der Donau) Bank, Gasthaus
Zimmernachweis und Auskünfte Tel. 07282/4055

Untermühl (Gemeinde St. Martin i. M.) Gasthaus, Fremdenzimmer

St. Martin im Mühlkreis Arzt, Bank, Gasthaus, Freibad
Zimmernachweis und Auskünfte Tel. 07232/2105

Landshaag (Gemeinde Feldkirchen) Gasthaus
Zimmernachweis und Auskünfte Tel. 07233/7255

Aschach s. Variante Süd

Ihre Route

Diese Etappe ist nur wenig länger als die Strecke Aschach–Linz auf dem Donauradweg, und sie hat auch sportlich nicht sehr viel zu bieten. Es gibt einen längeren Anstieg zur Ruine Schaunberg und *– für Besitzer von Rennrädern wichtig! –* einen längeren nicht asphaltierten Abschnitt. Und noch ein Nachteil ist anzuführen: Die Route mündet mitten im Linzer Stadtgebiet. Wer sich im Stadtverkehr als Radfahrer unsicher fühlt, fährt daher am besten nicht bis Linz durch, sondern zweigt bei Leonding zum Donauradweg ab oder entscheidet sich überhaupt für die nördliche Variante.

Im Detail schaut die Route so aus: Sie fahren von Aschach nach Hartkirchen, radeln durch die Ortschaft, überqueren die Aschach und folgen von nun an den Wegweisern zur Burg Schaunberg. Bei Rienberg beginnt eine Steigung, die aus dem Eferdinger Becken hinauf zur Burgruine führt. (Lassen Sie sich von den verschiedenen Bezeichnungen: „Schaunberg“, „Schaunburg“, dann wieder „Schaumburg“, nicht verwirren. Die Ruine hat nur einen historisch verbrieften Namen: Schaunberg!)

Die Steigung bis zur Burg und weiter auf die Anhöhe ist 2,7 km lang.

In Stroheim biegen Sie links ab und folgen ab jetzt den kleinen grünen Radwegweisern nach Eferding. Das ist eine lange Talfahrt, die über Seebach-Unterleiten beinahe bis ins Stadtgebiet führt. In Eferding radeln Sie auf der Hauptstraße bis zur Abzweigung nach Fraham – das ist schon ziemlich am anderen Ende der Stadt.

In Fraham biegen Sie rechts ab Richtung Scharten. Auf dem Weg dorthin passieren Sie, bei leicht ansteigender Straße, Leppersdorf. Dann wird es auf rund 1,5 km etwas steiler, geht es doch hinauf zur Wallfahrtskirche Maria Scharten. Vor der Kirche schwenken Sie ostwärts Richtung Kirchberg-Thening, ab hier gibt es wieder die „kleinen Grünen“.

Nach Scharten steigt die Straße nochmals an, danach zweigt ein nicht asphaltierter Weg von ihr ab. Er führt im Auf und Ab durch die Ortsteile Forst und Schober am Aichberg nach Axberg und weiter im Berg-und-Tal-Rhythmus durch Schauersfreiling nach Kirchberg-Thening. Dort weist die grüne Markierung weiter nach Pasching; das ist wieder eine Art Feldweg, der aber sehr schön zu fahren ist.

Von Pasching radeln Sie schon direkt auf Linz zu, in Leonding wird es bereits ziemlich städtisch: Da haben Sie die letzte Chance, der Stadt auszuweichen und nach links zur Donau abzufahren. Wenn nicht, müssen Sie sich im Stadtverkehr zum Bahnhof und zum Stadtzentrum durchschlagen.

Wissenswertes, Sehenswertes

Zu Beginn einer Etappe, und sei es auch nur einer leichten, ist man immer bestrebt, zunächst einmal ein paar Kilometer zurückzulegen. Das ist verständlich. Deshalb sollten Sie, ehe Sie richtig losradeln, erst noch einen Blick in das Gotteshaus von Hartkirchen werfen; es hat kunsthistorisch einiges zu bieten. Denn obwohl die ursprünglich romanische, später gotisch umgestaltete Kirche im Barock noch einmal völlig umgemodelt wurde, überrascht sie durch die Lichtkontraste zwischen Kirchenschiff und Altarraum. Zum reichen Kirchenschmuck lieferte Bartolomeo Altomonte ein Bild für einen Seitenaltar. Noch aus der Zeit der Gotik stammt eine Anna Selbdritt, also eine Darstellung der Mutter Marias mit ihrer Tochter und dem Jesuskind als Dreiergruppe. Im vorliegenden Fall ist das Jesuskind allerdings abhanden gekommen.

Die Besitzer von Schaunberg – die Burg ist bereits seit 1161 nachgewiesen – waren einst eines der mächtigsten Geschlechter des Landes. Mit den 1900 Wirtschaftseinheiten, die im 14. Jahrhundert zur Burg gezählt wurden, dünkten sich die Schaunberger stark genug, ihr Herrschaftsgebiet in ein unabhängiges Land zu verwandeln. Das konnte Herzog Albrecht III. von Österreich durch einen Feldzug zwar verhindern, die Burg, die er dabei fast drei Jahre lang belagerte, allerdings nicht einnehmen.

Der Verfall der weitläufigen Anlage ist auch nicht auf kriegerische Einflüsse zurückzuführen. Er setzte ein, als die Schaunberger zu Beginn des 16. Jahrhunderts in ein komfortableres Schloß in Eferding übersiedelten. Der weithin sichtbare Bergfried von Schaunberg war einst fünfseitig. Heute sind nur noch drei Seiten erhalten, der Rest stürzte 1825 ein.

Daß Eferding einmal per Schiff erreichbar war, kann man sich heute kaum noch vorstellen, doch lag die Stadt einst tatsächlich an einem der größeren Donauarme. Als bedeutender Handelsplatz wurde ihr schon früh das Stadtrecht verliehen: Eferding ist die drittälteste Stadt Österreichs.

Der ganz große Aufschwung aber kam, als die ehemals bischöflich-passauische Stadt dem Herrschaftsbereich der Schaunberger eingegliedert wurde. Teile des Schlosses stammen aus dieser Zeit, die späteren Besitzer, die Grafen Starhemberg, erweiterten es in der Barockzeit. Schon in der passauischen Epoche wurde der rechteckige Stadtplatz angelegt, der mit seinen guterhaltenen Bürgerhäusern heute noch mittelalterliches Flair vermittelt.

Zu den Sehenswürdigkeiten der Stadt zählen weiters die großteils barockisierte gotische Spitalskirche und die Pfarrkirche, eine spätgotische Staffelkirche mit zahlreichen Grabsteinen und -denkmälern.

Die freistehende und daher besonders auffallende Kirche von S c h a r t e n ist schon seit der Barockzeit ein beliebter Wallfahrtsort. Aus dieser Zeit stammt auch der Großteil des Kircheninventars.

Ihre Route

Gemessen an den Nordvarianten der Etappen 1 und 2 ist die Strecke von Aschach nach Linz eher etwas zum Ausrasten. Von Aschach bis Walding gibt es kaum eine Erhebung, der einzige längere Anstieg führt von Walding hinauf nach Gramastetten.

Vom Start in Aschach verläuft die Route zunächst über die Donaubrücke und danach ein kurzes Stück den Donauradweg stromabwärts. Ein kleiner grüner Wegweiser zeigt nach links zum „Radweg über Feldkirchen“. Das ist Ihre Route, Feldkirchen der nächste Ort.

Dort radeln Sie zunächst auf die Kirche zu und schlagen dann die Generalrichtung Ottensheim ein. So kommen Sie nach Pesenbach, passieren Schloß Mühldorf, zweigen dann aber nach Ach ab und erreichen über Vogging wieder die Straße. Rechts weiter, stehen an der nächsten Kreuzung ein Marterl und eine Hinweistafel auf einen Tiergarten. Diesem Wegweiser folgen Sie. Es geht erstmals bergauf – die Steigung ist zwar nur 500 m lang, hat's aber in sich!

Haben Sie das Steilstück überwunden, so biegen Sie nicht ab, sondern fahren geradeaus weiter nach Lindham und Walding.

In Walding beginnt der Weg neuerlich anzusteigen. Auf dem 4 km langen Anstieg nach Gramastetten kommen die Konditionsstarken auf ihre Rechnung. Im Ort fahren Sie zweimal rechts und nochmals gut 2 km bergauf, ehe Sie über den Berg sind.

Bis Neulichtenberg geht es abwechslungsreich dahin, dann folgt ein rund 2 km langes Gefälle, das wieder in eine Berg-und-Talbahn übergeht, die direkt auf den Pöstlingberg zu führt. Die Straße umrundet diesen Aussichtsberg der Linzer. Wenn Sie einen Ausblick genießen oder eine kurze Rast einlegen wollen, müssen Sie nur ein kleines Stück sanften Anstiegs in Kauf nehmen.

Abwärts kommen Sie bald ins Stadtgebiet von Linz. Folgen Sie dem Straßenzug und biegen Sie einmal links und dann wieder rechts ab, so stehen Sie auch schon vor der Donaubrücke und damit vor dem Linzer Hauptplatz.

Wenn Sie sich auf dieser Fahrt von Passau nach Wien auch nicht mit Kirchenbesichtigungen verzetteln sollen, rate ich Ihnen dennoch, sich in der Kirche von P e s e n b a c h ein wenig umzusehen: In der gotischen Basilika gibt es nämlich einen ebensolchen Flügelaltar sowie andere bemerkenswerte Kunstwerke aus dieser Zeit.

Das Schloß in M ü h l d o r f reicht in seiner Baugeschichte gleichfalls bis in die Gotik zurück. Es wurde im 16. und 17. Jahrhundert zwar um- und ausgebaut, dennoch sind die gotischen Bauteile, wie etwa der Torturm, noch klar zu erkennen.

Auch die Kirche von G r a m a s t e t t e n , weithin sichtbar auf einem Höhenrücken über dem Tal der Rodl, stammt aus dem Mittelalter. Allerdings handelt es sich bei diesem im Jahr 1444 begonnenen Bau gewissermaßen um einen „Neubau“, denn eine Pfarre samt zugehöriger Kirche ist schon seit 1110 nachgewiesen. Das spätmittelalterliche Gotteshaus dürfte ursprünglich zweischiffig geplant gewesen sein, doch ging man letztendlich auf drei Schiffe über. Seine Einrichtung allerdings ist neugotisch.

Den schönsten Blick auf L i n z hat man vom 573 m hohen Pöstlingberg, dessen kirchengekrönte Silhouette Linz als Wahrzeichen dient. Aber selbst wenn Sie einen klaren Tag erwischen, lassen Sie es nicht dabei bewenden, Linz nur von oben zu betrachten. Die Stadt hat mehr zu bieten als die rauchenden Schlote der VÖEST, des größten Industriebetriebs Österreichs. Da gibt es auch noch die hübsche Altstadt mit ebenso sehenswerten wie geschichtsträchtigen Häusern; Museen und Gedenkräume, die an Kaiser, an Komponisten und andere Künstler erinnern; Einkaufsstraßen, Boutiquen, Floh- und andere Märkte; stimmungsvolle Beiseln, eine „Szene“, die alljährliche Linzer Klangwolke; die Linzer Tramway, die Linzer Torte und – nicht zu vergessen – die sprichwörtlich feschen Linzer Madeln…

Ein Entree zu alldem verschaffen Sie sich, nach Ihrer Talfahrt vom Pöstlingberg, am besten vom weit geöffneten Hauptplatz aus. 219 m lang und 60 m breit, stellt der durch die Donaubrücke auch mit dem Mühlviertel unmittelbar verbundene Platz das Zentrum des Landes dar und weist durch Lage und Ausdehnung auf die Bedeutung hin, die der Handel für Linz einst besaß. Hier stürmten durch sechs Jahrhunderte Kaufleute aus ganz Europa zusammen, und das, obwohl Linz lange Zeit weder Bischofs- noch Regierungssitz war.

Residenzstadt wurde Linz nur für die kurze Zeit, da Kaiser Friedrich III. 1485 auf der Flucht vor dem Ungarnkönig Matthias Corvinus sich hierher zurückgezogen hatte. Acht Jahre später starb der Kaiser, und wenn er auch sein Herz in Linz zurückgelassen hat – eine Urne in der Stadtpfarrkirche bewahrt es auf –, so war es mit der Vorrangstellung der Stadt ja doch vorbei. Daß der Kaiser an einer „Überdosis" von Melonenkernen gestorben sei, ist Legende. Tatsächlich dürfte er aber dieser Frucht, die italienische Künstler angeschleppt haben, sehr zugetan gewesen sein. Wie sonst wäre das Bild im Linzer Haus des Stiftes Kremsmünster zu erklären, das ihn inmitten eines Berges von Wassermelonen darstellt.

Ein weiteres Mal erregte Linz Aufsehen, als am 12. März 1938 Adolf Hitler vom Balkon des Rathauses die Errichtung des „Tausendjährigen Reiches" verkündete.

Auch Napoleon hielt sich in Linz auf, als seine Truppen draußen in Ebelsberg 1809 gegen die Österreicher kämpften. In den Napoleonischen Kriegen ebenso wie in der Nachkriegszeit war immer die Donaubrücke die Grenze, das eine Mal zwischen französischem und österreichischem Gebiet, das andere Mal zwischen der russischen und der amerikanischen Besatzungszone.

In der Altstadt, die sich um den Hauptplatz drängt, gibt es neben stimmungsvollen Beiseln und Weinstuben eine ganze Reihe von Sehenswürdigkeiten. An erster Stelle ist das Landhaus zu nennen, das 1564 bis 1571 im Auftrag der oberösterreichischen Landstände errichtet, seither aber mehrmals verändert wurde. Die Säulen seines italienisch anmutenden

Arkadenhofes bestehen im Erdgeschoß und im zweiten Stock aus Granit, im ersten Stock jedoch aus rotem Sandstein.

Über dem Landhaus thront auf dem Römerberg das Schloß Linz, ein imposanter Bau, der durch seine Form an einen gewaltigen oberösterreichischen Vierkanthof erinnert. Residenz unter Friedrich III., war das Schloß auch später noch Schauplatz wichtiger politischer Treffen. Doch nach einem Brand im Jahr 1800 wurde es zunächst zu einer Strafanstalt und später zu einer Kaserne umfunktioniert. Heute ist darin ein Museum untergebracht.

Am Fuße des Römerberges steht das wahrscheinlich älteste Gebäude der Stadt, die Martinskirche. Sie gilt als das älteste frühmittelalterliche Bauwerk Österreichs, steht aber, wie zahlreiche Römersteine vermuten lassen, auf den Grundfesten eines römischen Tempels.

Auf der anderen Seite des Hauptplatzes liegt der Alte Dom, die ehemalige Jesuitenkirche. Die Orgel, auf der schon Anton Bruckner gespielt hat – er war hier zwölf Jahre lang Organist – stammt aus dem Stift Engelszell an der Donau. Sie kam nach Linz, als das Stift unter Kaiser Joseph II. aufgehoben wurde. Aus einem anderen Kloster, nämlich aus Garsten, stammt das Chorgestühl, das der Benediktiner Michael Obermüller 1633 geschaffen und mit nicht weniger als 198 originellen Figuren geschmückt hat.

Der Neue Dom in der Herrengasse mutet zwar gotisch an, wurde aber erst 1862 begonnen und 1924 fertiggestellt. Sein Turm ist nur einen Meter niedriger als der des Stephansdomes in Wien.

Neben Bruckner, der in Linz wie auch in St. Florian besondere Verehrung genießt und dem man die moderne Konzerthalle an der Donau sowie ein jährliches Festival gewidmet hat, waren auch Mozart und Beethoven Linz sehr verbunden. Mozart widmete der Stadt eine Symphonie, Ludwig van Beethoven war hier öfter bei seinem Bruder, dem Apotheker Johann van Beethoven, zu Besuch.

Über das Verhältnis der beiden zueinander gibt ein Briefwechsel Auskunft, in dem es um das Für und Wider einer Ehe ging, die Johann mit seiner Haushälterin eingehen wollte. Ludwig versuchte ihm diese Ehe auszureden, meinte, sein Bruder müßte den Verstand verloren haben, und unterschrieb zur Bekräftigung dieser Behauptung seinen Brief mit „Ludwig, Hirnbesitzer". Sein Bruder, den er oft um Geld angeschnorrt hatte, antwortete prompt mit der Unterschrift: „Johann, Geldbesitzer".

Den Pöstlingberg und seine Bahn haben Sie ja schon kennengelernt. Dabei ist Ihnen sicher die enorm steile Trasse dieser Bahn aufgefallen. Sie gilt mit 10,5% Steigung als die steilste Adhäsionsbahn Europas. Die Trasse hat man gewählt, weil man ursprünglich eine Zahnradbahn bauen wollte. Die Bahn wurde 1898 eröffnet, zehn Monate nach der Umrüstung der seit 1880 bestehenden Straßenbahn Linz–Urfahr auf Elektrobetrieb. Bis dahin war die Straßenbahn als Pferdebahn betrieben worden. (Im Scherz wird heute noch von „Linz an der Tramway" gesprochen.)

Auf dem Gebiet des Verkehrswesens hat sich Linz schon vor dieser Zeit einen Namen gemacht. Von hier nahm 1832 die erste Pferdeeisenbahn des Kontinents ihren Ausgang; sie führte nach Budweis. Erst mit der Umstellung auf Dampfbetrieb verlor die Pferdeeisenbahn ihre Bedeutung. Sie wurde 1872 eingestellt, da ihre Trasse für den Dampfbetrieb zu steil angelegt war.

Eine weitere Eisenbahn-Besonderheit, die Schmalspurbahn Linz–St. Florian, können Sie entdecken, wenn Sie auf Ihrem Weg nach Mauthausen die Südvariante wählen. Der fahrplanmäßige Verkehr auf dieser Überland-Straßenbahn, die ursprünglich bis Steyr verlängert werden sollte, mußte 1974 aus Rentabilitätsgründen zwar eingestellt werden, doch wird die Strecke in Abschnitten noch als Museumsbahn betrieben.

Falls Sie es brauchen

E 3 Variante Süd

Hartkirchen Arzt, Bank, Gasthaus, Hallenbad, Zimmernachweis und Auskünfte Tel. 07273/8955

Burg Schaunberg (Gemeinde Hartkirchen) Gasthaus

Stroheim Arzt, Apotheke, Bank, Gasthaus Zimmernachweis und Auskünfte Tel. 07272/6255

Seebach-Unterleiten (Gemeinde Hinzenbach) Gasthaus

Eferding Bahnhof, Arzt, Apotheke, Bank, Gasthaus, Freibad, Museum
Zimmernachweis und Auskünfte Tel. 07272/5555-0

Fraham Gasthaus

Leppersdorf (Gemeinde Scharten) Gasthaus, Freibad, Fremdenzimmer

Scharten Arzt, Apotheke, Bank, Gasthaus, Badeteich Zimmernachweis und Auskünfte Tel. 07272/5255

Forst (Gemeinde Alkoven) Gasthaus

Schober am Aichberg (Gemeinde Kirchberg-Thening) Gasthaus

Kirchberg-Thening Arzt, Apotheke, Bank, Gasthaus Auskünfte Tel. 07221/3003

Pasching Bahnhof, Arzt, Apotheke, Bank, Gasthaus, Freibad
Zimmernachweis und Auskünfte Tel. 07221/88515

Leonding Bahnhof, Arzt, Apotheke, Bank, Gasthaus Zimmernachweis und Auskünfte Tel. 0732/675353-0

Linz Bahnhof, Schiffstation, Arzt, Apotheke, Bank, Gasthöfe, Campingplatz, Jugendherberge, Freibad, Hallenbad, Museum, FKK-Gelände
Zimmernachweis und Auskünfte: Fremdenverkehrszentrale, Hauptplatz 34, Tel. 0732/2393

E 3 Variante Nord

F e l d k i r c h e n Arzt, Apotheke, Bank, Gasthaus, Campingmöglichkeit, Museum
Zimmernachweis und Auskünfte Tel. 07233/7255

P e s e n b a c h (Gemeinde Feldkirchen) Gasthaus, Fremdenzimmer

L i n d h a m (Gemeinde Walding) Gasthaus, Fremdenzimmer

W a l d i n g Bahnhof, Arzt, Bank, Gasthaus, Flußbad
Zimmernachweis und Auskünfte Tel. 07234/2302

G r a m a s t e t t e n Arzt, Apotheke, Bank, Gasthaus, Campingplatz, Freibad
Zimmernachweis und Auskünfte Tel. 07239/8030

N e u l i c h t e n b e r g (Gemeinde Lichtenberg) Arzt, Apotheke, Gasthaus
Auskünfte Tel. 07239/210

L i n z s. Variante Süd

Ihre Route

Sportlich hat diese Alternativ-Route zum Donauradweg wenig zu bieten, doch allein schon wegen des Stiftes St. Florian lohnt sich der Umweg.

Das Barockstift liegt direkt am Oberösterreichischen Kulturradweg, der in Linz-Ebelsberg einen seiner Endpunkte hat.

Um vom Linzer Hauptplatz nach Ebelsberg zu kommen, fahren Sie durch die Pfarrgasse, vorbei an der Stadtpfarrkirche, geradeaus bis zum Graben, dort rechts und dann die zweite Straße links (Pochestraße). An der nächsten Ecke stoßen Sie bereits auf einen Radweg, der ohne Unterbrechung hinaus nach Ebelsberg führt.

Im Detail: Fadingerstraße – Schubertstraße – Blumauerstraße, dann links unter der Bahn durch, Lenaustraße – Makartstraße – Wankmüllerhofstraße – Krepelstraße – Wiener Straße.

Der Wiener Straße folgen Sie bis zur Traunbrücke in Ebelsberg, erst dort, direkt auf der Brücke, beginnt der eigentliche Kulturradweg.

Er führt zunächst am Traun- und dann am Donaudamm verkehrsfrei bis zum Kraftwerk Asten, dort schwenkt der Weg nach Süden ab. Er ist bis St. Florian gut markiert und führt durch die Orte Fisching, Ipfdorf, Raffelstetten, Pichling, Bruck bei Tödling und Traunleiten.

In St. Florian biegt der Kulturradweg vor dem Gemeindeamt links ab (keine Markierung, aber ein Wegweiser nach Hofkirchen), erst nach der Straßenkreuzung weisen die rotbraunen Tafeln wieder den Weg zum Freilichtmuseum Sumerauerhof. In Samesleiten verlassen Sie den Kulturradweg und radeln direkt weiter nach Enns. In Ennsdorf, bereits auf niederösterreichischem Gebiet, zweigt linker Hand ein grün markierter Radweg ab, der Sie über Windpassing und Pyburg zur Donaubrücke nach Mauthausen bringt.

Der hl. Florian, über dessen Grab angeblich die Kirche des Stiftes St. Florian errichtet wurde, ist wohl einer der bekanntesten Heiligen in Österreich. Als Feuer abwehrender Wasserkübelmann findet man ihn landauf, landab als Schutzpatron der Feuerwehrleute auf allen Feuerwehrdepots, obwohl der Amtsvorsteher des römischen Statthalters in Lauriacum, dem heutigen Enns, nie etwas mit Feuer zu tun hatte, sondern wegen seines Bekenntnisses zum Christentum in der Enns ertränkt wurde.

Sein Attribut, das Wasserschaff, hat der Heilige erst im 15. Jahrhundert erhalten, zunächst als Symbol für die Art seines Todes. Das brennende Haus darunter kam erst viel später dazu. Das zeigt eine im Stift aufbewahrte Florianistatue aus dem Jahr 1320. Da ist Florian noch als römischer Legionär mit der Fahne oder Lanze, jedoch noch ohne Wassersechter dargestellt.

Auch die Geschichte, daß der Heilige unter der Stiftskirche begraben liegt, scheint mehr ins Reich der Legenden zu gehören. Bei Grabungen unter dem Gotteshaus hat man zwar römische Mauerreste, aber keine Gebeine gefunden. Die Reliquien wurden, so wird vermutet, über Rom nach Krakau gebracht.

Dennoch ist seit dem Martyrium Florians im Jahr 304 seine vielleicht erste Begräbnisstätte das Zentrum der Verehrung. Es läßt sich daher auch nicht genau sagen, wann dort die erste Kirche samt zugehörigem Kloster entstanden ist. Historisch nachweisen läßt sich die Übergabe eines bestehenden Klosters an die Augustiner-Chorherren im Jahr 1071, der Grundstein zum Stift in seiner heutigen Form wurde am Maria-Himmelfahrts-Tag 1686 gelegt. In den folgenden siebzig Jahren wurde in einer beispiellosen Bautätigkeit die gesamte gotische Klosteranlage geschleift und durch einen barocken Neubau ersetzt. Die barocke Prunkentfaltung nahm in dieser Zeit ein so großes Ausmaß an, daß sich sogar der Kaiser genötigt sah, einzuschreiten. Er untersagte dem damaligen Propst

Johann Baptist Födermayer kurzerhand jede weitere Bautätigkeit, aber der Propst kümmerte sich wenig um diese Anordnung. Er gab bei Jakob Prandtauer, der dem Italiener Carlo Antonio Carlone als Baumeister nachgefolgt war, den Auftrag für den Marmorsaal, das Sommerrefektorium und das Schloß Hohenbrunn (in der Nähe des Stiftes, heute Jagdmuseum). Unter Födermayers Nachfolger, Propst Wiesmayr, wurde mit der Bibliothek und der Ostfront die Bautätigkeit schließlich abgeschlossen.

Für die Ausstattung der weitläufigen Klosteranlage wurde alles verpflichtet, was an Künstlern damals Rang und Namen hatte, aber auch Neulingen gab man eine Chance. So war der Schöpfer des Hauptportales für das Stift, der Bildhauer Leonhard Sattler, bis dahin ein unbeschriebenes Blatt, während die Barockmaler Altomonte und Rottmayr bereits als arriviert galten.

Durch dieses Zusammenwirken namhafter Künstler in allen Bereichen entstand ein barockes Gesamtkunstwerk, aus dem sich nur schwer Details hervorheben lassen. Dennoch: Stiftskirche, Bibliothek, der an einen italienischen Palazzo erinnernde Aufgang zum Kaisertrakt, die 16 Kaiserzimmer und nicht zuletzt der große Marmorsaal zählen zu den Prunkstücken dieser steingewordenen Verherrlichung Gottes.

Die Bibliothek, an deren Innenausstattung Tischler aus dem Ort 65 Jahre lang gearbeitet haben, zeigt, daß in St. Florian nicht nur der Seelsorge, sondern auch der wissenschaftlichen Arbeit, und da vor allem der Geschichtsschreibung, stets große Bedeutung beigemessen wurde. Mit 140.000 Bänden ist sie eine der größten in ganz Österreich, 40.000 Bände sind allein im prunkvollen Hauptraum untergebracht. Zu den wertvollsten Stücken der Bibliothek zählen rund 800 Handschriften – die älteste stammt aus dem 9. Jahrhundert – darunter auch eine 36 kg schwere Bibel.

So wie in anderen Klöstern auch, hat in den Kaiserzimmern von St. Florian kaum jemals ein Kaiser geschlafen, und als 1782 Papst Pius VI. hier übernachtete, brachte man ihn prompt nicht im Kaiser-, sondern im Kaiserinnenzimmer unter. Das gleiche gilt auch für das Prinz-Eugen-Zimmer, das der Prinz nachweislich nie betreten hat. Und „sein“ Bett, ein wahres Monstrum von der Hand des Bildhauers Leonhard Sattler, kommt wohl nur wegen der am Fußende angebundenen (geschnitzten) Türken zu diesem Namen.

Der Marmorsaal, von Jakob Prandtauer entworfen und von Bartolomeo Altomonte ausgestattet, zählt mit seinen 30 m Länge und 15 m Breite zu den Meisterstücken österreichischen Barocks. Als Festsaal konzipiert, funktionierten ihn die Amerikaner, die sich nach 1945 in St. Florian als Besatzer breitmachten, zur „schönsten Tennishalle der Welt“ um.

Auf dem 175 m langen Kaisergang lieferten sie sich mit Motorrädern Rennen. In den Kriegsjahren zuvor war der Reichsrundfunk in St. Florian einquartiert, damals diente der Marmorsaal als Aufnahmestudio für Konzerte.

St. Florians Bibliothek ist zwar eindrucksvoll, wird aber vom Ruf der großen Orgel in der Stiftskirche übertroffen. 7343 Pfeifen, 103 Register, vier Manuale sind die nüchternen Zahlen, die nichts über die Qualität dieser von Franz Xaver Krismann gebauten Barockorgel aussagen. Und nichts über den Mann, der diese Orgel durch sein Spiel weltberühmt gemacht hat: Anton Bruckner.

Bruckner, 1824 geboren, kam als 13jähriger Halbwaise zu den Florianer Sängerknaben, wo er sofort durch seine besondere Musikalität auffiel. So blieb er auch nach dem Stimmbruch in St. Florian, wo er sich als Chorsänger, Geiger und auch schon als Organist hervortat, sich dann aber für den Lehrberuf entschied. Als Lehrer war Bruckner in Windhaag und Kronstorf tätig, 1838 jedoch wurde der Posten des Stiftsorganisten in St. Florian für ihn frei. Er blieb bis 1854, wurde Domorganist in Linz und schließlich als Professor nach Wien berufen. Bei der Prüfung an der Musikakademie brillierte er dermaßen, daß die Professoren nachher beschämt eingestanden: „Er hätte uns prüfen müssen.“ Trotz seiner Tourneen und seiner Lehrertätigkeit kehrte Bruckner immer wieder nach St. Florian zurück, um hier auf „seiner“ Orgel zu spielen, das letzte Mal am Ostersonntag 1894.

Als Anton Bruckner zwei Jahre später starb, erfüllte ihm das Stift einen Herzenswunsch, den er zu Lebzeiten immer wieder geäußert hatte. Sein Sarkophag wurde in der Krypta, genau unter dem Tisch der großen Orgel, frei aufgestellt.

Obwohl das Stift mit seiner gewaltigen Ausdehnung das Ortsbild beherrscht, gibt es in St. Florian noch andere Sehenswürdigkeiten. So etwa den ehemaligen Meierhof des Stiftes.

Etwa 2 km außerhalb des Ortes befindet sich Schloß Hohenbrunn, ein Barockbau, den Jakob Prandtauer für Propst Födermayer als Jagd- und Lustschloß errichtete – übrigens das einzige Schloß, zu dem der Kirchenarchitekt Prandtauer die Pläne geliefert hat. Sinngemäß hat man dort ein Jagdmuseum eingerichtet, in dem unter anderem das 44 Enden zählende Geweih eines Rothirsches gezeigt wird.

Zurück ins bodenständige, bäuerliche Österreich führt das Freilichtmuseum Samesleiten, wenngleich der „Sumerauerhof" schon seit Beginn des 13. Jahrhunderts ein Zehenthof des Stiftes St. Florian war. In seiner heutigen, für Oberösterreich typischen Vierkantform ist der Hof seit 1856 unverändert. Er war bis 1970 bewirtschaftet. Rund 14.000 solcher Vierkanter soll es in Oberösterreich noch geben.

In den besten Zeiten waren auf dem Sumerauerhof ständig zwanzig Knechte und Mägde beschäftigt, dazu kamen etwa zehn dienstverpflichtete „Häuselleute" und zur Erntezeit noch eine Schar von Helfern. Auch der Viehbestand war ansehnlich: 13 Pferde – 12 Arbeitstiere und ein „Laufer" für die Kutsche – 50 Rinder, 80 Schweine.

Wer meint, daß die Stadt Enns der geballten Ladung Barock des Stiftes St. Florian kaum noch etwas entgegenstellen könne, irrt: Mit dem durchgeplanten Stift zwar nicht zu vergleichen, weist die Stadt viele kunsthistorische Sehenswürdigkeiten aus allen Stilepochen auf. Historisch-politischer Schlußpunkt ist die Ennsbrücke, die nach dem Zweiten Weltkrieg zehn Jahre lang die Hauptverbindung zwischen der russischen Besatzungszone im Osten und der amerikanischen im Westen war und durch all diese Jahre zumindest für die Niederösterreicher als ein symbolisches Tor zur Freiheit galt.

Am anderen Ende dieses historischen Bogens steht Lauriacum, das als römisches Lager 205 n. Chr. errichtet wurde und als Zivilsiedlung bereits 212 die Selbstverwaltung, als eine Art Stadtrecht, erhielt. Auch Enns, das mit Lauriacum, dem späteren Lorch, zusammengewachsen ist, erhielt schon sehr früh, nämlich 1212, das Stadtrecht. Es rühmt sich heute, in Österreich die älteste im Original erhaltene Urkunde darüber zu besitzen.

Wahrzeichen dieser Stadt ist der imposante Stadtturm mitten auf dem Hauptplatz. Der 60 m hohe Turm wurde in den Jahren 1564 bis 1568 errichtet.

Nach außen hin weniger eindrucksvoll, birgt der „Frauenturm“, einst Teil der 15 Türme und 4 Tore umfassenden Stadtbefestigung, in seinem Inneren einen kunsthistorischen Schatz: die Johanniter-Kapelle, ein Gotteshaus der Hochgotik, das um 1320 errichtet wurde und bemerkenswerte Fresken enthält.

Auch die Stadtpfarrkirche, die als ehemalige Minoritenkirche in der sogenannten Bettelordengotik, also einer einfachen Architektur, errichtet wurde, wird von einem angefügten Bau übertroffen, der „Wallseerkapelle“, die architektonische Stilmerkmale aufweist, wie sie in Österreich nur noch an der Kirche von Pöllauberg in der Steiermark zu finden sind.

Eine Mischung dreier Baustile enthält das ehemalige Rathaus auf dem Hauptplatz. Der im Kern gotische Bau wurde in der Renaissance umgestaltet und erhielt im Barock eine neue Fassade. Heute ist darin das Stadtmuseum untergebracht.

Zu den weiteren Sehenswürdigkeiten der Stadt zählen die alte Burg, das Schloß Ennsegg und die St.-Laurenz-Basilika in Enns-Lorch, unter der man die Reste eines römischen Stadttempels, einer frühchristlichen Basilika und einer karolingischen Kirche freigelegt hat. Das Gotteshaus, das heute noch den Namen Lauriacum hochhält, weil es die Kirche des Titular-Erzbischofs von Lauriacum ist, birgt eine Reihe von gotischen Kunstschätzen und Wandmalereien sowie am zugehörigen Karner eine Ecce-homo-Darstellung, die um etwa 1700 entstand und Pontius Pilatus als türkischen Großwesir zeigt.

Kleinod der Hochgotik: Die Wallseerkapelle in Enns

Ihre Route

Obwohl diese Etappe durch recht hügeliges Gelände führt, sind die Steigungen lange nicht so arg, wie man es erwarten würde. Ging es bei den vorhergehenden Etappen noch bis auf rund 600 m Seehöhe hinauf, so führt die Route diesmal nur noch bis knapp unter die 400-m-Grenze – und das merkt man deutlich.

Gestartet wird bei einer der Linzer Donaubrücken, am Nordufer des Stromes, denn dort führt der Donauradweg vorbei. Ihm folgen Sie stromabwärts bis zur Autobahnbrücke. Bei der nächsten Gelegenheit zweigen Sie vom Donauradweg links ab und behalten diese Richtung bei, bis Sie auf die Freistädter Straße stoßen, auf der Sie ein kurzes Stück nach rechts weiterradeln. Sie aber fahren noch ein Stück geradeaus und biegen erst bei der nächsten Straßengabelung nach links ab (Gallneukirchener Straße).

Es beginnt sofort eine Steigung, die sich über 3 km hinzieht. Dabei passieren Sie den Ortsteil Außertreffling. Nach einer kurzen, steilen Abfahrt heißt es aufpassen: Knapp bevor Sie zur nächsten Ansiedlung – Oberreichenbach – kommen, zweigt im spitzen Winkel eine Straße ab. Das einzige, was Ihnen bei der Orientierung hilft, ist ein Hinweis auf ein Hotel in Katsdorf, einem Ort, den Sie im sportlichen Auf und Ab über Steinreith, Haid, Klendorf und Bach schließlich auch erreichen.

Das nächste Ziel ist Lungitz, das so wie Katsdorf im offenen Tal der Gusen liegt. Am Ortsanfang müssen Sie gleich links abbiegen, aus dem Tal hinaus, einen guten Kilometer lang bergauf, Richtung Mauthausen.

Achten Sie jetzt auf einen Wegweiser, der nach Blindendorf weist. Bleiben Sie ein kurzes Stück auf diesem Wirtschaftsweg, zweigen Sie bei der ersten Möglichkeit nach links und bei der nächsten wieder nach rechts in einen nicht befestigten Feldweg ab.

Beim Ort stoßen Sie wieder auf einen asphaltierten Weg, der rechts, an den Häusern vorbei, hinunter zum Riederbach führt. Jetzt brauchen Sie nur noch dem Wasserl zu folgen.

Sie kommen zunächst an den Steinbrüchen und dann an der Rampe des ehemaligen Konzentrationslagers Mauthausen vorbei und sind nach wenigen hundert Metern Talfahrt in Mauthausen und am markierten Donauradweg, der Sie ins Zentrum bringt.

Wissenswertes, Sehenswertes

Schade, daß M a u t h a u s e n in aller Welt nur wegen des Konzentrationslagers, das die Nazis hier eingerichtet haben, bekannt wurde. Das Städtchen hätte diese unrühmliche Reklame nicht notwendig.

Das Lager, das auf einer Höhe außerhalb des Ortes liegt, ist als Mahnmal für die Greueltaten des Nationalsozialismus erhalten und zugänglich. Zu diesem Lager gehörten auch die Steinbrüche, an denen Sie vorbeigekommen sind. Hier mußten Tausende Häftlinge unter unmenschlichen Bedingungen Schwerstarbeit verrichten, viele kamen dabei ums Leben.

Granit wurde hier schon vor dieser unseligen Zeit gebrochen. Ein Großteil der Steine für das Wiener Straßenpflaster stammt aus Mauthausen, per Schiff wurden sie in die Hauptstadt verfrachtet. Ein Teil des Wohlstands der Mauthausener Bürger hing direkt oder indirekt mit den Pflastersteinen und deren Verschiffung zusammen.

Die Mauthausener hatten aber, wie der Ortsname verrät, noch eine andere Einnahmequelle: Das Mauthaus am Zusammenfluß der Enns und der Donau wurde von den Bürgern der nahen Stadt Enns errichtet. Sie kassierten fleißig ihren Anteil an allen Waren, die über die Enns an die Donau kamen und hier umgeladen wurden. Hauptsächlich waren das Salz, Erz und Holz.

Schloß Pragstein, das jetzt fast störend in die Straße ragt, stand bis zur Mitte des vorigen Jahrhunderts noch auf einer Felseninsel im Strom. Die spitz zulaufende Westseite des Schlosses sollte bei Hochwasser wie ein Schiffsbug wirken und die Wucht der Strömung lindern.

Schloß Pragstein und das Schiffmeisterhaus, weiter stromabwärts, sind sicher die wichtigsten Sehenswürdigkeiten von Mauthausen. Es gehört aber auch der Heindlkai dazu, mit seinen alten Bürgerhäusern – darunter vor allem das Lebzelterhaus –, sowie die gotische Pfarrkirche samt Karner, ein römischer Rundbau mit achteckigem gotischem Aufbau.

Falls Sie es brauchen

E 4 Variante Süd

Pichling (Gemeinde Linz) Badesee

Traunleiten (Gemeinde St. Florian) Gasthaus

St. Florian Arzt, Apotheke, Bank, Gasthaus, Freibad, Museum
Zimmernachweis und Auskünfte Tel. 07224/8955

Samesleiten (Gemeinde St. Florian) Museum

Enns Bahnhof, Arzt, Apotheke, Bank, Gasthaus, Freibad, Hallenbad, Museum
Zimmernachweis und Auskünfte Tel. 07223/2181

Ennsdorf Bahnhof, Arzt, Bank, Gasthaus
Zimmernachweis und Auskünfte Tel. 07223/2012

Windpassing (Gemeinde Ennsdorf) Gasthaus

Pyburg (Gemeinde St. Pantaleon) Bahnhof, Bank, Gasthaus, Freibad

Mauthausen Bahnhof, Arzt, Apotheke, Bank, Gasthaus, Campingmöglichkeit, Freibad, Museum
Zimmernachweis und Auskünfte Tel. 07238/2243

E 4 Variante Nord

Katsdorf Bahnhof, Arzt, Bank, Gasthaus, Museum
Zimmernachweis und Auskünfte Tel. 07235/8155

Lungitz (Gemeinde Katsdorf) Bahnhof, Gasthaus

Mauthausen s. Variante Süd

E 5 MAUTHAUSEN – GREIN Variante Süd 49 km

Ihre Route

Strengberg heißt der zentrale Ort, durch den diese Etappe führt. Und die Strengberge sind es auch, die dieser Strecke den sportlichen Reiz verleihen. Wiewohl sie gar keine Berge im österreichischen Sinn sind, sondern mehr ein Hügelland, findet sich doch die eine oder andere Steigung in dieser schönen Gegend.

Los geht es allerdings ganz harmlos am rechten Donauufer. Gleich nach der Brücke ist der Donauradweg Richtung Wallsee markiert. Durch Stein, St. Pantaleon, Erla und weiter bis Au haben Sie Zeit, sich warmzuradeln und die Landschaft zu genießen.

Nach der Kirche von Au zweigt rechts eine Straße ab, die mit dem Wegweiser „Zur Bundesstraße 1“ markiert ist. Dort verlassen Sie den Donauradweg und fahren die eineinhalb Kilometer hinauf zur Bundesstraße 1 nach Thürnbuch.

Auf der „Einser“ radeln Sie zunächst bergab und dann wieder etwa 1 km bergauf nach Strengberg.

In dieser Tonart geht es auch hinter Strengberg weiter: bergab und wieder mehr als 1000 m bergauf, bis zur Abzweigung links nach Schöndorf. Kurz danach führt die Straße nach rechts Richtung Witzmannsdorf und dann Richtung Teufelsberg wieder links.

Blütenzauber im Mostviertel

Das Stück hinauf auf diesen Teufelsberg ist knapp 1 km lang und für die Gegend überraschend steil.

Genau bei der Ortstafel von Oed biegen Sie links in einen Güterweg ein, fahren den nächsten Weg wieder rechts und biegen gleich wieder links ab nach Zeillern. Es folgt ein Straßenstück mit einer überwältigenden Aussicht über das ganze Donautal. So kommen Sie nach Edla, fahren bergab Richtung Albersberg und durch Empfing nach Stephanshart, wobei zwischen den beiden Orten nochmals eine Steigung Marke „kurz, aber deftig" zu überwinden ist.

Von da nach Ardagger Markt sind es noch drei schöne Kilometer bergab, dann stoßen Sie schon wieder auf die grünen Wegweiser des Donauradweges, die Sie die Donau entlang nach Grein geleiten.

Wissenswertes, Sehenswertes

Asphaltierte Straßen und PS-starke Autos (und gut trainierte Radfahrer) lassen heute kaum noch etwas von den Schwierigkeiten erahnen, die die Schwerfuhrwerke einst mit den Strengbergen hatten. Sie benötigten häufig einen Vorspann, der, von den Einwohnern des Ortes Strengberg gestellt, diesen Arbeit und Verdienst brachte. Auch die Post hatte hier eine wichtige Station: Das alte Posthaus ist heute noch eine Sehenswürdigkeit des Ortes. Das Haus stammt aus dem Jahr 1689, wurde aber im 18. Jahrhundert verändert. Sehenswert ist auch die spätgotische Pfarrkirche.

In Ardagger steht das älteste Stift kaiserlicher Gründung in Niederösterreich, mit einer Fülle kunsthistorisch interessanter Details, wie etwa den ältesten Figuralfenstern des deutschen Sprachraums. Auch der Ort selbst hat mit der Nikolauskirche, einer Prangersäule aus dem Jahr 1567 und dem Schiffmeisterhaus Sehenswertes zu bieten.

Dieses Schiffmeisterhaus erinnert an die Hochblüte des „goldenen Marktls“, in dem, nach der schwierigen Fahrt durch den Struden, sämtliche Schiffszüge haltmachten, um die Pferde zu wechseln. Viele Reisende verließen auch bei der Talfahrt hier, vor dem gefährlichen Stromabschnitt, das Schiff und begaben sich auf dem Landweg nach Ybbs.

E 5 MAUTHAUSEN – GREIN   Variante Nord 38 km

Ihre Route

Abwechslungsreich ist wohl das richtige Wort, um diese Etappe zu charakterisieren. Anfangs flach, befindet man sich hinter Perg plötzlich in einer hügeligen Landschaft, in der die kurzen, mitunter aber recht steilen Anstiege stets mit einer erholsamen Talfahrt belohnt werden. Eine Route zum Tempomachen.

Die Etappe beginnt in Mauthausen, wieder auf dem Donauradweg.

Die Route führt zunächst unter der Donaubrücke durch, schwenkt aber dann links ab nach Schwertberg. Dort müssen Sie rechts Richtung Aisthofen–Perg abbiegen. Hinter Aisthofen mündet die Straße in die stark befahrene B 3. Aber schon kurz danach zweigt links der Güterweg nach Weinzierl ab. Wenn Sie den wählen, stoßen Sie erst knapp vor Perg wieder auf die Bundesstraße, dafür müssen Sie eine etwa 1 km lange Steigung in Kauf nehmen.

Nach der Naarnbrücke in Perg biegen Sie links ab, den Berg hinauf Richtung Münzbach. Die Steigung ist etwa 2 km lang und ziemlich steil, führt durch Karlingberg und Pasching, dann folgt eine kurze Talfahrt, und nach Forndorf radeln Sie wieder 1 km bergauf bis zur Kirche von Altenburg.

In dem Rhythmus geht es weiter durch Priehetsberg und abermals über eine etwa 1 km lange, etwas stärkere Steigung nach Münzbach.

An der Weggabelung außerhalb von Münzbach können Sie es sich aussuchen: Halten Sie sich links, so bringt Sie die Route, vorbei am Schloß Innernstein, schon bald hinunter in die Niederung des Klambaches. Fahren Sie aber rechts, dann müssen Sie noch ein paar kurze Steigungen überwinden. Auf beiden Routen aber kommen Sie nach Klam.

Fahren Sie über Innernstein, so finden Sie am Ortsbeginn von Klam den grünen Wegweiser nach Grein. Von der anderen Seite kommend, müssen Sie demnach erst durch den Ort zu dieser Abzweigung radeln.

Die Route führt nun über Ober- und Unterhörnbach und Lettental nach Grein, wobei noch ein paar kurze Steigungen und ein paar Gefällestrecken, eine davon sehr steil, zu bewältigen sind.

Der Radweg ist bis ins Zentrum von Grein gut markiert.

Wissenswertes, Sehenswertes

Wenn zu Beginn dieser Etappe vom Tempomachen die Rede war – das Auf und Ab verleitet dazu –, dann sollten Sie doch zumindest eine Pause einkalkulieren: in Altenburg. Denn in der kleinen, eher unscheinbaren Kirche, die schon Erzherzog Johann bei einem Besuch 1884 „ein Schatzkästlein" genannt hatte, wurde 1907 tatsächlich ein Schatz entdeckt: Damals ließ Pfarrer Josef Bandzauner die Gruft unter der Kirche öffnen, und dabei entdeckte man die wohl bedeutendsten Fresken des Landes.

Die Adelsfamilie Prager, die im 15. und 16. Jahrhundert die Herrschaft Windhaag besaß, ließ die bis dahin noch einschiffige Kirche um eine Seitenkapelle erweitern und legte bei dieser Gelegenheit unter diesem Zubau eine Familiengruft an. Diese Gruft wurde 1512 mit Fresken ausgeschmückt, wobei neben einem Weltgericht, einer Kreuzigungsgruppe und dem hl. Bartholomäus als Kirchenpatron der Zyklus die Namenspatrone der 12 Bestatteten zeigt. Die Wandmalereien, die aus der Zeit Albrecht Dürers und der Donauschule stammen, somit über 450 Jahre alt sind, wurde nie restauriert.

Eng mit der Geschichte Altenburgs verbunden ist das ehemalige Kloster in Münzbach, da den Dominikanern, die der Graf von Windhaag 1662 hierher berufen hatte, bis 1782 die Seelsorge in diesem Ort oblag. Dann wurde im Zuge der josephinischen Kirchenordnung die Pfarre Altenburg aufgelassen, die Pfarrechte gingen auf die Klosterkirche in Windhaag über. Das Kloster in Münzbach wurde 1784 aufgehoben, obwohl ihm eine Internatsschule angeschlossen war.

Schloß Innernstein, schon in einer Urkunde aus dem Jahr 1209 erwähnt, erhielt sein heutiges Aussehen in der zweiten Hälfte des 16. Jahrhunderts. Das Schloß mit dem hübschen Laubengang ist in Privatbesitz.

Gleichfalls in privater Hand und noch immer bewohnt ist die Burg Clam – zum Unterschied vom Ort mit „c" geschrieben; sie kann aber trotzdem besichtigt werden. Die Burg, 1149

Im Blumenschmuck: Der Arkadenhof der Burg Clam

von Otto von Machland erbaut, hat zahlreichen Belagerern, darunter den Türken und den Hussiten, getrotzt. Neben dem fünfstöckigen Palas gehören ein Renaissancetor und der Arkadenhof mit dreistöckigen Laubengängen zu den baulichen Sehenswürdigkeiten der Burg. Außerdem sind noch die Burgapotheke mit der Einrichtung aus dem Jahr 1603 und die Burgkapelle mit einer spätgotischen Holzskulptur im Original erhalten. Bei der Führung durch die Burg werden weiters das Museum mit Waffen, Orden und Uniformen, eine Porzellansammlung und die prunkvollsten der 101 Räume der Veste gezeigt.

Erwähnenswert ist die Klamschlucht, in unmittelbarer Nähe von Ort und Burg. Sie kann in relativ kurzer Zeit durchwandert werden.

Grein an der Donau, das „goldene Städtchen", wie es einst genannt wurde, gründete seinen Reichtum auf drei Felshindernisse in der Donau, die für die Schiffahrt eine große Gefahr bedeuteten.

Schon 926 unternahm Bischof Drakulf von Freising eine Fahrt auf dem Strom und verunglückte im Greiner Strudel tödlich – das erste Opfer, von dem die Geschichte weiß, aber nicht das einzige.

Dieser gefürchtete Strudel sowie der Schwall und der Wirbel zwangen die Donauschiffer, in Grein haltzumachen und entweder einen ortskundigen Lotsen an Bord zu nehmen oder die Waren auf Wagen umzuladen und die Schiffe leer durch diese so schwierige Passage zu steuern.

Als dann im 14. und 15. Jahrhundert die Greiner mit dem Privileg ausgestattet wurden, sämtliche Handelswaren zwischen Neheim (bei Perg) und Werfenstein auf- und abzuladen und in diesem Stromabschnitt die Schiffahrt zu betreiben, mehrte sich der Reichtum der Stadt erst recht, zumal Beteiligungen am Handel mit Salz, Getreide und Weinstecken zusätzlichen Gewinn brachten.

Das Österreich des ausklingenden 15. Jahrhunderts stand ganz im Zeichen des Ungarnkönigs Matthias Corvinus, und nur wenige Adelige blieben dem österreichischen Kaiser treu. Zu ihm standen jedenfalls die Brüder Heinrich und Siegmund Prüschenk, die im Machland, westlich von Grein, reiche Besitzungen hatten. Als Dank für diesen Beistand hauptsächlich finanzieller Art erhielt das Brüderpaar die Erlaubnis, auf einer Felsterrasse westlich von Grein ein Schloß zu bauen. Es sollte ursprünglich Stettenfels heißen, wurde später aber Heinrichsburg und schließlich Greinsburg genannt.

Die Greinsburg gilt heute als das erste Schloß in Österreich, das nicht zu Verteidigungszwecken, also als Trutzburg, sondern als Wohnschloß gebaut wurde. Den berühmten Arkadenhof erhielt das Schloß allerdings erst während eines Umbaus in der Renaissance. Unbedingt sehenswert, weil einmalig in ganz Österreich, ist das Zellengewölbe in einem der ebenerdigen Räume, das Maurer unserer Tage vergeblich versucht haben nachzubauen.

Im Schloß ist heute ein Schiffahrtsmuseum untergebracht, in den Sommermonaten finden im Arkadenhof Konzerte statt.

Zur Blütezeit der Stadt Grein ließen die Stadtväter am Hauptplatz ein neues Rathaus errichten, das 1563 vollendet wurde. Es barg in seinem hinteren Teil einen sogenannten Kasten, einen Getreidespeicher. Gut zweieinhalb Jahrhunderte später brauchte man ihn nicht mehr, und es stellte sich die Frage, was mit dem so gewonnenen Raum nun anzufangen sei. Ein Buchbinder, Franz Xaver Dörr, wußte Rat: Der „Kasten" wurde 1790 zu einem Theater umgebaut, einem Rokokotheater en miniature, wie es in ganz Europa nicht mehr zu finden ist. Es ist heute die älteste ursprünglich erhaltene Schaubühne Österreichs.

Das winzige Theater – es bietet nur 165 Zuschauern Platz – verfügt noch über sogenannte Sperrsitze, deren Sitzfläche senkrecht fixiert ist und nur dann heruntergeklappt werden kann, wenn man den richtigen Schlüssel dazu besitzt.

Schlüsselbesitzer – heute würde man sie Abonnenten nennen – waren die reichen Bürger der Stadt. Theatervergnügen gab es aber für alle. Selbst vom Stadtgefängnis aus konnte man durch ein Fenster zuschauen, und mußte ein Zuschauer einmal seine Notdurft verrichten, so konnte er dennoch die Vorgänge auf der Bühne verfolgen: Er zog sich hinter einen Vorhang zurück und spähte durch einen Spalt.

Daß ein derart intimer, gemütlicher und unterhaltsamer Musentempel aus den Greinern Theaternarren machte, ist nicht verwunderlich. In der Rokokozeit wurde täglich gespielt, an Sonntagen sogar dreimal. Heute gibt man's billiger: gespielt wird nur noch zur Sommerszeit. Besichtigungen sind jedoch so gut wie jederzeit möglich.

Die Bedeutung Greins als Warenumschlagplatz, Schiffs- und Lotsenstation begann erst zu schwinden, als man daranging, die Felshindernisse im Strom zu sprengen. Die erste Ladung detonierte 1824. Dreißig Jahre später trat man an die Sache erneut vehement heran, nachdem 1854 die Yacht „Adler" der Kaiserbraut von Bayern auf der Fahrt zur Hochzeit nach Wien im Greiner Strudel auf Grund gelaufen war und die schöne „Sisi" um ein Haar ertrunken wäre.

Doch die Gefahr blieb bestehen. Noch zwischen 1900 und 1945 ereigneten sich im Donauabschnitt unterhalb von Grein 250 Schiffsunglücke. Die allerletzte Sprengung erfolgte 1956 im Zusammenhang mit dem Bau des Kraftwerkes Ybbs-Persenbeug. Wirklich gefahrlos wurde die Schiffahrt durch den Greiner Strudel aber erst, als mit dem Schließen der Schleusen der Wasserspiegel der Donau um gut 10 m angehoben wurde.

Was Sie in Grein noch anschauen sollten, obwohl es kaum in einem Reiseführer steht: das Café „Blumensträußl", das im Biedermeierstil gehalten ist, und den Speisesaal des Gasthofs „Zum Goldenen Kreuz" mit seiner Jugendstileinrichtung. Dort finden Sie auch Bilder von der Sprengung des letzten Greiner Donaufelsens.

E 5 Variante Süd

Erla (Gemeinde St. Pantaleon) Gasthaus

St. Pantaleon Arzt, Bank, Gasthaus
Zimmernachweis und Auskünfte Tel. 07435/7271

Au (Gemeinde Strengberg) Gasthaus, Freibad, Fremdenzimmer

Thürnbuch (Gemeinde Strengberg) Gasthaus, Fremdenzimmer

Strengberg Arzt, Apotheke, Bank, Gasthaus, Campingmöglichkeit, Hallenbad
Zimmernachweis und Auskünfte Tel. 07432/2214

Witzmannsdorf (Gemeinde Wallsee-Sindelburg) Gasthaus

Oed (Gemeinde Oed-Öhling) Arzt, Apotheke, Bank, Gasthaus
Zimmernachweis und Auskünfte Tel. 07475/3226

Zeillern Bank, Gasthaus
Zimmernachweis und Auskünfte Tel. 07472/4986

Empfing (Gemeinde Ardagger Markt) Gasthaus

Stephanshart (Gemeinde Ardagger Markt) Bank, Gasthaus

Ardagger Markt Arzt, Apotheke, Bank, Gasthaus, Museum
Zimmernachweis und Auskünfte Tel. 07479/312

Grein Bahnhof, Schiffstation, Arzt, Apotheke, Bank, Gasthaus, Campingplatz, Freibad, Museum
Zimmernachweis und Auskünfte Tel. 07268/680

E 5 Variante Nord

S c h w e r t b e r g Bahnhof, Arzt, Bank, Gasthaus, Freibad
Zimmernachweis und Auskünfte Tel. 07262/61255

A i s t h o f e n (Gemeinde Perg) Bahnhof, Gasthaus

P e r g Bahnhof, Arzt, Apotheke, Bank, Gasthaus, Freibad, Hallenbad, Museum
Zimmernachweis und Auskünfte Tel. 07262/2255-0

K a r l i n g b e r g (Gemeinde Perg) Gasthaus

P a s c h i n g (Gemeinde Perg) Gasthaus

M ü n z b a c h Arzt, Apotheke, Bank, Gasthaus, Freibad
Zimmernachweis und Auskünfte Tel. 07264/4555

K l a m Bank, Gasthaus, Bademöglichkeit, Museum
Zimmernachweis und Auskünfte 07269/7255

G r e i n s. Variante Süd

Ihre Route

Die relativ kurze Etappe hat es nach dem Motto „In der Kürze liegt die Würze“ wirklich in sich. Von der Greiner Donaubrücke an, zu der Sie auf jeden Fall zurückkehren müssen (Radweg stromaufwärts), haben Sie sofort mit einer Steigung zu kämpfen, die sich mit wechselnder Neigung bis Neustadtl zieht; das sind 7 km.

Nach einer kurzen Abfahrt (etwa 100 m) biegen Sie nach links ab, radeln ein Stück bergauf und fahren an der nächsten Kreuzung n i c h t Richtung Ybbs, sondern etwa 500 m bergauf über den Bergrücken nach Unterholz. Von dort 700 m nach Oberholz hinauf, und weiter geht's nach St. Martin.

An der nächsten Kreuzung folgt eine Links-rechts-Kombination, da weist der Wegweiser schon die Richtung über den Hengstberg nach Ybbs. Zum Hengstberg selbst ist der Anstieg erstens ziemlich steil und zweitens gut 1 km lang. Aber das war für heute auch schon die letzte Anforderung an Ihre Kondition. Vom Hengstberg bis Ybbs rollen Sie nur noch bergab, ganze 5 km lang.

Ihre Route

Das ist wieder eine sehr sportliche Etappe, bei der stellenweise auch die Mountainbiker auf die Rechnung kommen. Wer sein Rad schonen will, kann diesen Streckenabschnitt vor Waldhausen aber auch umfahren.

Abfahrt ist am Hauptplatz in Grein, wo Sie schon den ersten grünen Radwegweiser nach Bad Kreuzen finden. Zeit zum Einfahren bleibt keine, denn es beginnt sofort die erste starke Steigung durch eine Villensiedlung, vorbei am Wasserreservoir und am „Hahnwirt".

Dieser ersten Steigung, die gut 1 km anhält, folgt ab dem „Hahnwirt" eine weitere ziemlich steile von etwa gleicher Länge. An der folgenden Weggabelung halten Sie sich rechts – der Wegweiser zeigt die Richtung nicht klar an –, es erwartet Sie neuerlich ein Steilanstieg, diesmal von 1,5 km Länge. An der nächsten Weggabelung (nicht markiert, aber an einem Podest für Milchkannen auf der rechten Seite zu erkennen) fahren Sie wieder rechts, bis Sie auf einen Querweg stoßen. Dort geht es ein drittes Mal rechts.

Damit haben Sie den großen Anstieg geschafft, jetzt folgt der Regenerierabschnitt: Am Ortsteil Panholz vorbei, läuft das Rad fast von selbst hinunter zur Bundesstraße.

Im spitzen Winkel führt die Route auf der Bundesstraße weiter bis zum Gasthaus Aumühle. Das heißt, bis zum Gasthaus fahren Sie nur, wenn Sie die anschließende Moutainbike-Strecke in Angriff nehmen wollen. Wenn nicht, biegen Sie bei der nächsten Gelegenheit wieder rechts ab, radeln, am Eingang der Stillsteinklamm vorbei, auf der Straße hinüber ins Dimbachtal und fahren dann links weiter nach Waldhausen.

Die schönere, aber beschwerlichere Waldroute biegt beim Gasthaus Aumühle nach rechts von der Straße ab. Der Weg geht bald in einen Feldweg über, der extrem steil zur etwa 1 km entfernten Siedlung Dorferhäuser hinauf führt. Ab hier ist der Weg wieder asphaltiert. Der weitere Anstieg bis zur Siedlung Brandstätter ist etwa 300 m lang, dann folgt ein längeres Gefälle hinunter ins Dimbachtal und nach Waldhausen.

Wer zur Stiftskirche will, sollte auf die grünen Tafeln achten, die am Ende einer kurzen Steigung knapp vor Waldhausen nach links weisen. Der Umweg über das Stift beträgt etwa 2 km. Wer jedoch glaubt, auf das Kulturjuwel verzichten zu können, kann direkt hinein nach Waldhausen fahren.

Von Waldhausen an folgen Sie zunächst dem Sarmingbach abwärts. Sie könnten gleich zum Donauradweg abfahren. Wenn nicht, biegen Sie bei der nächsten Abzweigung links ab Richtung St. Oswald und Nöchling. Wieder ist ein Höhenrücken hinüber ins Tal der Kleinen Ysper zu überwinden, die Steigung ist jedoch nicht schlimm und nur etwa 1 km lang.

Auch durch das Kleine Yspertal könnten Sie wieder die Donau erreichen, ein entsprechender Hinweis findet sich bei der Straßenkreuzung. Die Alternativ-Route aber läuft weiter Richtung St. Oswald.

Aus dem Tal der Kleinen Ysper geht es wieder über den Hügel zum Loseneggerbach. Sie müssen also wieder eine mehr als 1 km lange Steigung bewältigen.

In St. Oswald folgen Sie dem Wegweiser nach Persenbeug–Lembach, das ist „die 2. rechts“. St. Oswald liegt immerhin 658 m hoch, also kann jetzt nur eine Talfahrt folgen. Bis zur Straße im Großen Yspertal sind es knappe 3 km bergab.

Reicht es Ihnen für heute?

Wenn ja, dann fahren Sie einfach die Yspertalstraße hinunter zur Donau.

Wenn nicht, gibt es da noch ein „Zuckerl“:

Beim Gasthof „Rote Säge“, ein paar Kilometer flußabwärts, zweigt links ein Güterweg von der Straße ab. Der Weg ist nicht asphaltiert und führt in zwei großen Kehren ziemlich steil mehr als 200 Höhenmeter hinauf zu einem Forsthaus und an diesem links vorbei zur Straße zurück, auf der es rechts weitergeht. Die Länge der Steigung bis zur Straße beträgt 3,2 km.

Aber jetzt folgt wirklich die Abfahrt, zunächst auf der stärker befahrenen Straße. Sie sollten daher noch einmal Richtung Viehtrift abzweigen. Sie kommen aber nicht in den Ort, sondern lassen das Rad immer geradeaus durch eine romantische Waldschlucht zur Donau hinunterlaufen. Auf der Donauuferstraße haben Sie dann nur mehr einen schwachen Kilometer bis zur Donaubrücke zurückzulegen, und noch einmal so weit ist es bis ins Zentrum von Ybbs.

Wissenswertes, Sehenswertes

Die Stiftskirche von Waldhausen ist der prunkvolle Rest einer einst weitläufigen Klosteranlage. Das Ordenshaus wurde unter Kaiser Joseph II. nicht nur aufgehoben, sondern man hat in seltener Konsequenz auch gleich dessen Mauern geschleift und was davon zu gebrauchen war als Baumaterial für die Franzensburg nach Laxenburg bei Wien geschafft. Auch die barocke Kirche hätte der Spitzhacke zum Opfer fallen sollen, wäre es nach dem Willen des Fiskus gegangen. Doch das ließ die Bevölkerung nicht zu.

Daß sich die kaiserlichen Klosterstürmer gerade in Waldhausen so austoben konnten, hing mit der tristen finanziellen Lage des Klosters zusammen, und das kam so:

Von den Hussiten 1428 überrannt und niedergebrannt, nach der Reformationszeit schwer verschuldet, erholte sich das Chorherrenstift unter Propst Laurentius Voss (1647–1680). Er begann den Neubau und vollendete die Stiftskirche. Sein Nachfolger, ein prunkliebender Adeliger namens Augustin Ochs von Sonnau, trieb den Klosterbau rascher voran, als es die finanziellen Mittel erlaubten, und baute so einen gewaltigen Schuldenberg auf.

Der Propst versuchte zwar, die Misere zu vertuschen, doch die Sache kam ans Licht, weil der von Gewissensbissen geplagte Mann in seiner Not in schlaflosen Nächten Gott und die Heiligen laut um Hilfe anrief.

Als Ochs von Sonnau 1721 starb, war der Ruin des Stiftes nicht mehr aufzuhalten, zumal unter dem nächsten Propst der Schuldenberg weiter anwuchs. Die Wahl eines Klostervorstehers wurde künftig nicht mehr gestattet, der Schuldenstand vielmehr zum willkommenen Anlaß genommen, das Kloster aufzuheben, die Kunstwerke zu verkaufen, die Mauern zu schleifen. Nur der Vorbau mit dem wuchtigen Torturm und den hofseitigen Arkaden blieb erhalten.

Zwar beugte man sich dem Druck der Waldhausener Bürgerschaft und ließ die Kirche stehen, dafür gab man sie dem

Verfall preis. Erst nach dem Zweiten Weltkrieg rückte man den Schäden mit einem Restaurierungsprogramm zu Leibe.

Die Wurzeln des Stiftes reichen auf Otto von Machland zurück, auf dessen Kloster in Sarmingstein. Dieses wurde jedoch der ungünstigen Lage wegen von den Chorherren bald verlassen, die nordwärts zogen und Mitte des 12. Jahrhunderts ein neues Kloster gründeten, das sie „silvia domus" nannten, das „Haus im Wald".

Von der Lage des ersten Klosters nahe der Donau profitierten die Mönche von Waldhausen insofern, als sie in das Recht gesetzt wurden, Ladung und Treibgut von Schiffen zu bergen, die im Donaustrudel scheiterten. Als Gegenleistung hatten sie sich um die Opfer solcher Unglücksfälle zu kümmern: Sie mußten die Toten bestatten und die Verletzten pflegen.

Die Pfarrkirche von Waldhausen ist ein Bau der Spätgotik, er weist daher schon Elemente der Renaissance auf: so das Südportal, das Sakramentshäuschen und die Kanzel. Kurios sind die Spuren von Hellebardenhieben am eisenbeschlagenen Westtor, die sich allen Renovierungen zum Trotz bis heute erhalten haben.

Den Reiz der Kirche von St. Oswald macht die eigenartige Mischung von romanischem Langhaus plus wehrhaftem Turm mit einem gotischen Chor und einer barocken Innenausstattung aus.

St. Oswald ist dank seiner Höhenlage und seiner guten Luft heute eine der bekanntesten Fremdenverkehrsgemeinden des Yspertales.

Das Kraftwerk Ybbs-Persenbeug war das zweite österreichische Kraftwerk an der Donau. Als man 1955 daranging, es zu bauen, mußte zuvor das Schloß Donaudorf gesprengt und abgebrochen werden. Das Schloß bildete am südlichen Ufer ein Gegenstück zum Schloß Persenbeug.

Das „versunkene Schloß" besaß einen Prunkraum, der mit prächtigen Fresken geschmückt war, die in phantastischen Motiven die fünf Kontinente darstellten. Diese Bilder des Barockmalers Johann Bergl – er war auch in der Wiener Hofburg, in Schönbrunn und in Melk tätig – wurden vor der

Wechselvolles Schicksal: Die Kirche von Waldhausen

Sprengung von den Wänden abgelöst und ins Bundesdenkmalamt nach Wien gebracht. Seither hat man sie allerdings nie wieder gesehen.

Solange die Kraftwerksbrücke nicht bestand, gab es zwischen Ybbs und Persenbeug stets eine Fährverbindung. Zunächst war es nur eine Zillenüberfuhr, ab 1882 verkehrte der sogenannte Propeller, ein kleines Dampfschiff namens „Charlotte", zwischen Ybbs und Persenbeug. Von 1898 an übernahm eine Rollfähre den Dienst. Sie wurde erst 1958 demontiert.

Daß Ybbs einmal das Zentrum des Handels und der Schiffahrt auf der Donau war, zeigen die drei wichtigsten Häuser an der Donaulände: die „Weinmaut", aus deren Erlös der Bau der Universität Wien finanziert wurde, das sprichwörtliche „Salzamt" und der „Passauer Kasten", ein Getreidespeicher – also gleich drei Zollämter in einer Reihe.

Zur Schiffmeisterorganisation von Ybbs, dem sogenannten Bindewerk, gehörten alle Schiffmeister zwischen Willersbach und Melk. Da es weiter stromabwärts in Niederösterreich nur noch Bindewerke in Stein und Wien gab, kann man sich vorstellen, welche Bedeutung der Ybbser Schifferzunft zukam.

Der größte aller Schiffmeister war Matthias Feldmüller (1770–1850). Er kommandierte auf der oberen und unteren Donau an die tausend Schiffe und wurde daher mit Recht „Admiral der Donau" genannt.

Auf der Donaulände, an der Fassade der „Weinmaut", befindet sich eine Gedenktafel; sie erinnert an die glückliche Landung der Kaiserbraut Elisabeth von Bayern („Sisi") nach dem schon erwähnten Schiffsunglück im Greiner Struden 1854.

Von der Lände lohnt sich ein kurzer Abstecher zum Hauptplatz mit der spätgotischen Pfarrkirche und den alten Bürgerhäusern.

Falls Sie es brauchen

E 6 Variante Süd

Neustadtl Arzt, Apotheke, Bank, Gasthaus, Camping
Zimmernachweis und Auskünfte Tel. 07471/2240

St. Martin (Gemeinde St. Martin-Karlbach) Arzt, Apotheke, Bank, Gasthaus
Zimmernachweis und Auskünfte Tel. 07412/8902

Ybbs Bahnhof, DDSG-Station, Fahrradverleih, Arzt, Apotheke, Bank, Gasthöfe, Hallenbad, Museum
Zimmernachweis und Auskünfte: Stadtamt, Tel. 07412/2612

E 6 Variante Nord

Waldhausen Arzt, Apotheke, Bank, Gasthaus, Badesee
Zimmernachweis und Auskünfte Tel. 07418/255

St. Oswald Arzt, Apotheke, Bank, Gasthaus, Badeteich
Zimmernachweis und Auskünfte Tel. 07415/291

Ybbs s. Variante Süd

Ihre Route

In sportlicher Hinsicht kann diese Etappe nur mit einem einzigen „Zuckerl“ aufwarten: mit der 14% steilen Steigung von Großweichselbach hinüber nach Melk. Da müssen Sie knapp vor dem Etappenziel auf relativ kurzer Strecke gute 200 Höhenmeter überwinden.

Da Sie vorher von der Donau zur Erlauf und von dort weiter zur Melk radeln, müssen Sie auch dabei jeweils einen Höhenrücken erklimmen, doch in beiden Fällen sind die Steigungen mäßig.

Starten Sie also von der Donaulände in Ybbs aus, am markierten Donauradweg, der Sie nach Sarling bringt. Dort folgen Sie der Straße, fahren unter der Westbahn durch und dann rechts zur Bundesstraße 1.

Nachdem Sie diese überquert haben, beginnt ein ca. 1,5 km langer Anstieg.

Oben am Berg, knapp bevor Ihre Straße in die Verbindung Ybbs–Wieselburg einmündet, gibt es eine Abzweigung nach links, nach Petzenkirchen.

In Petzenkirchen biegen Sie im Ort erst links und dann, etwas außerhalb, rechts ab über die Erlauf nach Kendl.

Dort geht's wieder rechts und nach ein paar hundert Metern schließlich links nach Landfriedstetten. Hier setzt eine Steigung von etwa 2 km Länge ein, die Sie aus dem Erlauftal hinaus und auf einer verträumten Straße über Baulanden und die Rotten Weghof, Zinsenhof und Hub nach Ruprechtshofen bringt.

Wenn Sie in Ruprechtshofen links abbiegen und den Melk-Fluß überqueren, sind Sie auch schon in St. Leonhard am Forst. Dort halten Sie sich nochmals links, Richtung Melk. Schon vor Großweichselbach beginnt eine Steigung, die ab dem Ort in die schon erwähnte „Vierzehnprozentige“ übergeht. Von Großweichselbach bis zum Scheitelpunkt des Hiesbergs sind es eineinhalb schweißtreibende Kilometer, die anschließende Talfahrt endet im Prinzip erst in Melk.

In der Kirche von St. Leonhard am Forst – sie ist die älteste in Niederösterreich, die diesem Heiligen geweiht ist – gibt es einige interessante Dinge zu bewundern: Sie birgt drei römische Inschriften und eine romanische Löwenfigur aus dem 13. Jahrhundert sowie ein steinernes Öhlbergrelief aus dem 14. Jahrhundert und ein marmornes Taufbecken aus dem Jahr 1478.

Das barocke Stift Melk in diesem Rahmen ausführlich zu beschreiben, ist unmöglich. Da sollten Sie besser eine Führung mitmachen, bei der man Ihnen alles Wissens- und Sehenswerte erklären wird. Dennoch sei das Wichtigste hier aufgezählt, damit Sie sich ein wenig darauf einstellen können, was Sie dort erwartet.

Das Stift Melk ist zwar nicht das älteste, jedoch eines der ganz alten in Österreich. Auf dem Felsen über der Donau hatte bereits Leopold I. aus dem Geschlecht der Babenberger seine Residenz errichtet, und da die Markgrafen wußten, daß sie ihr Land nur aufbauen konnten, wenn sie es kultivierten und missionierten, rief Leopold II. 1089 Benediktiner aus Lambach nach Melk. Vom Kloster, das die Mönche damals errichteten, steht heute allerdings kaum noch etwas. Den Gottespalast, wie wir ihn heute kennen, ließ Abt Berthold Dietmayr im Spätbarock erbauen. Baumeister dieses größten niederösterreichischen Klosters war Jakob Prandtauer, der Melk zur bedeutendsten Schöpfung barocker sakraler Baukunst in Europa machte.

Die Südfassade der Anlage, die sich über der Stadt erhebt, ist 240 m lang. An der Westseite, vor der Stiftskirche, schließt die Altane an. Als reizvoller Abschluß verbindet sie die zwei wichtigsten Säle des Stiftes, den Marmorsaal und die Bibliothek.

Beide Säle und andere Teile des Stiftes können ganzjährig besichtigt werden. Die prunkvollsten Räume sind die „Kaiserzimmer“, in denen sich allerdings höchst selten ein gekröntes

Haupt blicken ließ, der Marmorsaal aus Stuckmarmor und die Bibliothek, beide mit großartigen Gemälden von Paul Troger ausgestattet.

In der Bibliothek befinden sich in kunstvoll verzierten Regalen 85.000 Bände, alle in Leder gebunden und goldbedruckt. Zu den wertvollsten Beständen zählen rund 2000 Handschriften und 850 Inkunabeln, also Bücher aus den Anfängen des Buchdrucks.

Im sogenannten Kaisertrakt ist heute ein Museum eingerichtet, in dem die Geschichte und die Bedeutung des Stiftes Melk dokumentiert wird. Es werden dort aber auch zahlreiche Schätze aus dem Klosterbesitz gezeigt. Dazu gehört das Lettnerkreuz, das ursprünglich in der Rochuskirche in Wien hing. Es soll, ehe es nach Melk kam, an eine alte Frau verschenkt worden sein. Deren Sohn versuchte das Kreuz im Keller zu verstauen. Da es aber nicht durch die Tür paßte, sägte er einfach ein Stück davon ab.

Dieser Tatsache steht die Legende um das „Melker Kreuz" gegenüber, einer in Gold und Edelsteinen gefaßten Kreuzpartikel.

Das Kreuz soll im 14. Jahrhundert geraubt worden sein, tauchte allerdings später bei den Schotten in Wien wieder auf. Als der Abt von Melk dort zu Besuch weilte, soll es sich ihm zugewandt haben, worauf man ihm das kostbare Stück wieder ausfolgte.

Im 196 m langen Gang des Kaisertraktes befindet sich auch die vollständige Galerie der österreichischen Herrscher, vom Babenberger Leopold I. bis zu Karl I., dem letzten Kaiser aus dem Hause Habsburg. Die Bilder dieser Galerie wurden jedoch nicht nach der Natur gemalt, sondern sind reine Phantasieporträts.

Die Stiftskirche ist eine wahrhaft meisterliche Verbindung von barocker Baukunst, Malerei und Ausstattung. Die Gemälde für diesen Kuppelbau schuf der aus Bayern stammende Michael Rottmayr. Die Kuppel der Kirche ist übrigens 64 m hoch, genauso hoch wie das Riesenrad in Wien. Die Turmhelme der weithin sichtbaren Kirche gehen nicht auf Jakob

Prandtauer zurück, sondern auf seinen Schwiegersohn Joseph Munggenast.

Gemessen am Stiftspalast oben am Berg, drohen die Sehenswürdigkeiten unten in der Stadt zu verblassen. Dabei sind das „Haus am Stein" und die Pfarrkirche durchaus sehenswert. Kaum verständlich, daß die Pfarrkirche bis 1693 den Passauer Bischöfen unterstand. Sie weigerten sich beharrlich, die Pfarre den Benediktinern zu übergeben.

Ihre Route

Auf dieser Etappe können Sie schon von weitem abschätzen, wie lange Ihre Kondition reichen muß. Die Wallfahrtskirche von Maria Taferl, die wegen ihrer Lage am Steilhang des Donautales bereits ab Ybbs ins Auge springt, ist nämlich Ihr erstes Ziel.

Sie radeln also bei Ybbs über die Donau und auf dem Donauradweg nach Marbach. Dort zweigt die Straße nach Maria Taferl ab. Die Wallfahrtskirche liegt genau 233 m höher als die Donau, in Serpentinen sind das ziemlich genau drei, mitunter recht steile, Straßenkilometer.

So, damit haben Sie das Ärgste überstanden. Nach Ober- und Unterthalheim geht es leicht bergab, dann wieder bergauf und wieder bergab nach Artstetten. Wollen Sie zum Schloß, müssen Sie sich in Artstetten links halten. Andernfalls geht es rechts weiter ein Stück bergab, bis zur Abzweigung nach Unterbierbaum (links) und weiter nach Leiben (rechts). Dabei ist nach Losau wieder eine harmlose Steigung zu überwinden.

Durch Leiben fahren Sie hinunter zur Bundesstraße, biegen dann aber nicht nach rechts Richtung Donau ab, sondern nach links und erst dann nach rechts, nach Pömling. Da werden Sie noch einmal den Berggang brauchen, denn die 1,7 km bis Pömling sind ziemlich steil. Die folgende Talfahrt führt über Hofamt direkt nach Emmersdorf und am Donauradweg stromabwärts zur Brücke nach Melk.

Schloß Persenbeug, direkt an der Ybbser Kraftwerksbrücke gelegen, war die Sommerresidenz von Kaiser Franz I., auch wurde der letze österreichische Kaiser, Karl I., hier geboren. Das Schloß, 1617 errichtet, ist heute noch im Besitz der Habsburger.

Marbach, am Donauufer unterhalb von Maria Taferl, ist ein aufstrebender Fremdenverkehrsort, der im Stauraum der Donau viele Möglichkeiten zum Wassersport bietet.

Maria Taferl gilt als Wallfahrtsort so richtig österreichischer Prägung. Neben der prachtvollen Kirche und einigen guten Gasthäusern findet man dort noch all den Kitsch, ohne den solche Pilgerstätten nicht auszukommen scheinen.

So wie bei anderen Wallfahrtsorten und Klöstern dürfte auch auf der Höhe über Marbach eine keltische Kultstätte bestanden haben, zumindest deutet der sogenannte Taferlstein neben der Kirche nach Meinung der Altertumsforscher darauf hin. Um diesen Platz zu „christianisieren", brachte man an einer Eiche neben dem Stein ein Kreuz an und links und rechts davon Bilder von Maria und Johannes. Am 14. Jänner 1633 soll, so erzählt die Legende, ein Viehhirte aus Krummnußbaum versucht haben, die Eiche zu fällen. Es gelang ihm nicht, denn die Axt glitt ab und fuhr ihm in die Beine. Jetzt erst sah der Bursche, welchen Frevel er begehen wollte, kniete nieder und bat um Verzeihung. Sofort waren seine Beine wieder heil, und er konnte nach Hause gehen.

Kurz darauf ließ ein Richter aus Krummnußbaum eine Muttergottesstatue unter die Eiche setzen, der man bald wundersame Heilungen und Erscheinungen zuschrieb. Obwohl diese Wunder kirchlich nie bestätigt wurden, erhob der Papst 1947 die Kirche von Maria Taferl zur Basilika und sprach in der Begründung von Wundern und Zeichen.

1660 wurde mit dem Bau der Kirche begonnen, doch es dauerte 60 Jahre, ehe sie vollendet war. Erster Architekt war der Wiener Georg Gerstenbrand, nach ihm übernahm Carlo

Lurago den Bau, den schließlich Jakob Prandtauer vollendete. Unter den vielen Künstlern, die die Kirche ausgestattet haben, ist vor allem Martin Johann Schmidt, der „Kremser Schmidt", zu nennen; er schuf die Tafelbilder für die großen Seitenaltäre.

Das Original des Gnadenbildes ist 1755 verbrannt, als ein Ministrant an die Eiche, die man ins Gotteshaus miteinbezogen hatte, Feuer legte.

Wenn Sie von Maria Taferl stromabwärts ins Donautal schauen – die Aussicht ist prächtig –, dann entdecken Sie jene Stelle, an der im frühen Morgengrauen des 4. Juli 1914 zwei Leichenwagen auf einer Fähre über die Donau gebracht wurden. In den Särgen unter den bestickten Decken lagen die Leichen des österreichischen Thronfolgers Franz Ferdinand und seiner Frau Sophie. Das Paar war bei einem Attentat in Sarajevo getötet worden. Die Nacht war ziemlich gewittrig, so daß die Offiziere, die den Kondukt begleiteten, die Pferde aus den Strängen spannen und beruhigen mußten. Trotzdem passierte es: Bei einem schweren Donnerschlag setzte einer der Rappen zurück, und nur mit Mühe konnte verhindert werden, daß der Wagen samt den Särgen in die Donau stürzte.

Daß Franz Ferdinand und Sophie in Artstetten beigesetzt wurden, entsprach dem Wunsch des Thronfolgers. Er hatte auf seinen Ehrenplatz in der Kapuzinergruft verzichtet, da er an der Seite seiner Frau bestattet werden wollte. Der böhmischen Gräfin Sophie Chotek nämlich war ein Platz bei den Kapuzinern verwehrt, da sie aus keinem Dynastengeschlecht stammte.

Artstetten war beider Lieblingsschloß, dort ist auch eine permanente Ausstellung über dieses ungewöhnliche Liebes- und Ehepaar eingerichtet. Die Gruft, die der Erzherzog für sich und seine Frau hat bauen lassen, kann besichtigt werden.

Das Schloß in Leiben steht zwar auf Grundmauern, die schon aus dem 13. Jahrhundert stammen dürften, doch der Großteil des Gebäudes wurde im 17. Jahrhundert errichtet. Das Schloß befindet sich in Privatbesitz.

Falls Sie es brauchen

E 7 Variante Süd

S a r l i n g (Gemeinde Ybbs) Gasthaus

P e t z e n k i r c h e n Bahnhof, Arzt, Bank, Gasthaus
Zimmernachweis und Auskünfte Tel. 07416/2109

K e n d l (Gemeinde Bergland) Gasthaus

R u p r e c h t s h o f e n Bahnhof, Arzt, Apotheke, Bank, Gasthaus, Campingmöglichkeit, Freibad
Zimmernachweis und Auskünfte Tel. 02756/2388

S t. L e o n h a r d a m F o r s t Arzt, Bank, Gasthaus, Freibad
Zimmernachweis und Auskünfte Tel. 02756/2204

M e l k Bahnhof, Schiffstation, Arzt, Apotheke, Bank, Gasthöfe, Campingplatz, Jugendherberge, Freibad, Museum
Zimmernachweis und Auskünfte Tel. 02752/2307

E 7 Variante Nord

P e r s e n b e u g Bahnhof, Arzt, Bank, Gasthaus, Museum
Zimmernachweis und Auskünfte Tel. 07412/2206

G o t t s d o r f (Gemeinde Persenbeug) Gasthaus

M e t z l i n g (Gemeinde Persenbeug) Gasthaus

M a r b a c h Bahnhof, Arzt, Bank, Gasthaus, Campingplatz, Freibad
Zimmernachweis und Auskünfte Tel. 07413/311

M a r i a T a f e r l Bank, Gasthöfe, Campingmöglichkeit, Freibad, Hallenbad
Zimmernachweis und Auskünfte Tel. 07413/302

O b e r t h a l h e i m (Gemeinde Maria Taferl) Gasthaus

A r t s t e t t e n Bank, Gasthaus, Freibad, Museum
Zimmernachweis und Auskünfte Tel. 07413/8235

L e i b e n Arzt, Apotheke, Bank, Gasthaus, Museum
Zimmernachweis und Auskünfte Tel. 02752/7287

P ö m l i n g (Gemeinde Emmersdorf) Fremdenzimmer

E m m e r s d o r f Bahnhof, Arzt, Apotheke, Bank, Gasthöfe
Zimmernachweis und Auskünfte Tel. 02752/7469

M e l k s. Variante Süd

Ihre Route

Diese Etappe führt zunächst in einem Bogen rund um Melk, zur Schallaburg und schließlich zurück in die Nähe des Donauradweges. Bis dahin ist es relativ flach, es können also auch weniger geübte Fahrer diese Runde mitmachen und dann auf dem Donauradweg weiter Richtung Krems radeln.

Die sportlichen Fahrer erwarten im Anschluß an diese Runde zwei längere Anstiege. Der eine führt hinüber nach Aggsbach Dorf. Dort haben Sie wieder die Möglichkeit, die sportliche Variante abzubrechen und am Donauradweg weiterzumachen, oder Sie nehmen auch die zweite Steigung in Angriff, dann kommen Sie über Maria Langegg nach Göttweig und Krems. Konkret: Vom Hauptplatz in Melk starten Sie zum Bahnhof, biegen dort links ab, nützen die nächste Unterführung, um unter der Bahn durchzukommen, und fahren halbrechts die Rosenfelder Straße eine etwa 500 m lange Steigung hinauf. Durch Rosenfeld geht es nach Anzendorf, wo Sie einen Abstecher zur Schallaburg machen können.

Sonst führt die Route weiter Richtung Roggendorf und Loosdorf. Biegen Sie aber nach der Autobahn- und Bahnunterführung nicht rechts nach Loosdorf ab, sondern fahren Sie geradeaus weiter nach Albrechtsberg, Neubau und Pielach.

In Pielach trennen sich die Wege: Die weniger starken Fahrer radeln über Spielberg zurück zum Donauradweg, die sportiven Typen jedoch – zu denen Sie sicher auch gehören – folgen dem Wegweiser nach rechts, Richtung Gerolding.

Ihre Kondition wird sofort gefordert – 2 km lang bergauf. Dabei passieren Sie Thal, dann folgt ein starkes Gefälle (18%) hinunter nach Mauer. Im Ort schwenken Sie wieder nach links, bergauf, und radeln auf die sehenswerte Kirche zu. Die Steigung zieht sich gut 2 km an der Kirche vorbei nach Umbach, es folgen Lerchfeld, Nölling und Gerolding.

Von Gerolding Richtung Kochholz müssen Sie noch ein kurzes Stück mit sich und der Steigung kämpfen, dann aber folgt der Lohn für die Mühe: die Abfahrt durch Wolfstein hinunter bis nach Aggsbach Dorf.

Wenn Sie vom „Bergsteigen“ für heute genug haben, setzen Sie Ihre Tour auf dem Donauradweg fort, die „Gemsen“ aber biegen kurz nach der Kartause rechts nach Maria Langegg ab. Das sind wieder 4 km bergauf, die ersten zwei davon weniger stark, Kilometer 3 und 4 dafür umso steiler. Also haushalten Sie mit Ihren Kräften! Knapp vor Maria Langegg ist die Abzweigung zur Ruine Aggstein. Man hat von dort wirklich den schönsten Blick ins Donautal.

Nach Maria Langegg folgt eine weitere Steigung (etwa 2 km lang) nach Geyersberg/Nesselstauden. Hier könnten Sie schon nach Mitterarnsdorf abfahren, oder aber Sie klettern weiter bergauf über Plaimberg nach Schenkenbrunn, 526 m hoch gelegen und damit der höchste Punkt dieser Etappe.

Folglich kann es jetzt nur mehr bergab gehen. Geht es auch. Bis Oberbergern, von wo Sie wieder direkt nach Mautern gelangen können – oder Sie biegen ab Richtung Furth, Göttweig, radeln dann Richtung Steinaweg und durch Kleinwien nach Paudorf.

Von hier nach Krems sind es noch 8 km, wobei ein kurzes Stück Steigung zu bewältigen ist, hinauf auf den Göttweiger Berg.

Dort wo die Straße zum Stift führt, zweigen Sie von der Hauptstraße ab, fahren aber gleich wieder rechts hinunter nach Furth und weiter nach Palt. In Palt stoßen Sie auf einen beschilderten Radweg, der Sie nach Krems bringt.

Kunstwerk aus Lindenholz:
Der Schnitzaltar von Mauer (Detail)

Die S c h a l l a b u r g werden Sie von früheren Besuchen her vielleicht schon kennen, da dort seit der Renovierung (1968–1974) Jahr für Jahr bemerkenswerte Ausstellungen stattfinden. Das Schloß, das in zwei Bauperioden – im Mittelalter und in der Renaissance – entstanden ist, verfügt über den wahrscheinlich schönsten Renaissancehof Europas. Die dem ursprünglichen Wehrbau vorgesetzten Arkaden – je ein Bogen im Erdgeschoß trägt zwei darüberliegende – sind mit aus 1600 Einzelstücken zusammengesetzten Terrakottatafeln geschmückt: eine dekorative Mischung aus Fabelwesen, Göttern, Masken und Fratzen.

S c h l o ß A l b r e c h t s b e r g , an dem Sie bei der Weiterfahrt vorbeikommen, stammt in seinem Hauptteil aus dem späten 16. Jahrhundert, es wurde aber im 19. Jahrhundert umgestaltet.

Vom Hochbarock des Stiftes Melk überschattet und von der Straßenverwaltung in puncto Wegweiser ausgesprochen stiefmütterlich behandelt, führt die Kirche von M a u e r ein Mauerblümchendasein, obwohl sie in jedem Kunstführer ganz dick unterstrichen ist.

Doch ist es nicht die Architektur, derentwegen Kunstfreunde von nah und fern nach Mauer pilgern, wenngleich das Bauwerk mit dem charakteristischen abgestuften Dach an sich schon ein Kuriosum darstellt: An die alte, niedrige Kirche hat man nämlich einen hohen gotischen Teil angebaut, wohl in der Absicht, die ganze Kirche neu zu gestalten. Die Arbeiten stockten jedoch, kaum daß man den Chor der neuen, gotischen Kirche fertiggestellt hatte. So ließ man das aus der Zeit um 1300 stammende niedrige Langhaus stehen, das nun, an dem hohen gotischen Teil klebend, wie ein Fremdkörper wirkt.

Doch wie gesagt: Nur wegen der Architektur wäre Mauer nicht so berühmt geworden. Eingang in die Kunstgeschichte hat der Wallfahrtsort „Maria auf dem grünen Anger“ – so hieß die Kirche früher – durch einen geschnitzten Flügelaltar gefunden, der seinesgleichen in ganz Österreich sucht. Ein bisher nicht bekannter Meister hat dieses Kunstwerk aus Lindenholz vermutlich im Jahr 1509 als Hochaltar geschaffen. In der Barockzeit wurde das einmalige Werk in eine Nische des Langhauses verbannt, wo es heute noch zu bewundern ist.

Es ist ein Altar zum Schauen; ein Altar, der ganz der Zeit entsprach; ein Stück aus der Bibel, bildlich dargestellt für alle, die nicht lesen, aber schauen können. Einfach, fromm, aus dem Leben gegriffen, heiter. Ein Altar, der gerade wegen seiner Schlichtheit die ganze Pracht des benachbarten Hochstiftes in den Schatten stellt.

Von der gotischen Kirche in Gerolding – sie wurde 1432 geweiht – ist heute nur noch der Priesterchor erhalten, das übrige wurde in der Barockzeit stark verändert.

Auf dem Weg hinunter nach Aggsbach kommen Sie an der einst stolzen Burg Wolfstein vorbei, von der allerdings nur noch ein paar Mauern erhalten sind.

Direkt neben der Straße in Aggsbach Dorf befindet sich die ehemalige Kartause mit der dazugehörigen gotischen Kirche. Beides, Kirche und Kloster „Marienpforte“, entstand 1392. Ihre Blüte aber erlebte die Kartause im 15. Jahrhundert, als die Mönche hauptsächlich wissenschaftlich tätig waren und zu diesem Zweck eine große Bibliothek einrichteten. Über den Bücherschatz weiß man allerdings nur aus einem Katalog Bescheid, den die Mönche angelegt haben. Die Bücher selbst wurden in alle Winde zerstreut, nachdem das Kloster unter Kaiser Joseph II. aufgehoben worden war. Auch die wertvollen Kunstschätze schaffte man fort, darunter den Hochaltar von Jörg Breu d. Ä., von dem einige Tafeln im Chorherrenstift Herzogenburg aufbewahrt werden.

Ein Großteil der Anlage mit den Mönchszellen wurde überhaupt abgebrochen, vom Kreuzgang blieb nur ein Flügel erhalten. Der Torturm, der Prälatentrakt, die Mühle und der Kornkasten stammen von einem Umbau Ende des 16. Jahrhunderts.

Berühmter als die Kartause von Aggsbach ist heute allerdings die Ruine Aggstein, um die sich ein Kranz schön-schauriger Geschichten rankt. Hier hauste einst das angesehene Geschlecht der Kuenringer, das in Niederösterreich viele Besitzungen hatte und vom Landesherrn immer wieder mit Ehrenämtern überhäuft, mit heiklen diplomatischen Missionen betraut wurde.

Dennoch hat man den „Hunden von Kuenring“ allerlei Böses angedichtet, was so gar nicht zu diesen einflußreichen Adelsherren paßt.

So sollen sie bei Aggstein eine Kette über die Donau gespannt haben, mit der sie die Schiffe stoppten, um sie hinterher auszurauben. Gefangene sperrten die Kuenringer angeblich in das „Rosengärtlein“, eine Art Balkon hoch über der Donau. Den Bedauernswerten blieb so nur die Wahl, zu verhungern oder sich in die Tiefe zu stürzen.

Historiker jedoch halten das „Rosengärtlein“ für einen späteren Zubau. Wie sie überhaupt diese und andere den Kuenringern zur Last gelegten Greueltaten jener Zeit zuordnen, da Jörg Scheck vom Wald die Veste zu Lehen hatte.

Die Wallfahrtskirche M a r i a L a n g e g g geht auf den Salzburger Gutsverwalter Matthias Häring zurück, der 1599 den „Langegger Hof“ erwarb. Als Härings Sohn erkrankte, gelobte der fromme Mann den Bau einer Kapelle, falls sein Kind wieder gesund werden sollte. Der Sohn genas, und Häring hielt Wort. Er ließ eine Kapelle errichten, die wegen des Zustroms von Wallfahrern alsbald zu einer Kirche erweitert werden mußte. Von dieser ersten Kirche ist der Chor – die Ursprungskapelle neben der Wallfahrtskirche – erhalten.

Nach dem Ende des Dreißigjährigen Krieges ging man daran, neben der Kirche ein Kloster zu bauen. Der erste Flügel wurde 1654 fertiggestellt, der Klosterbau allerdings erst fast 80 Jahre später vollendet.

1764 begann man mit dem Bau der heutigen Kirche. Ursprünglich zweitürmig geplant, entschied man sich aus finanziellen Gründen schließlich für die eintürmige Fassade. Auch bei der Innenausstattung mußte man, da die Tendenz zu Wallfahrten aufgrund der josephinischen Restriktionen stark rückläufig war, zu billigeren Lösungen greifen. Das zeigt sich am deutlichsten beim Hochaltar, der 1789 von Andreas Rudroff *gemalt* wurde. Für diese Version hatte man sich aus Kostengründen

*Symbol der Volksfrömmigkeit:
Die Wallfahrtskirche Maria Langegg*

entschieden, weil ein plastischer Aufbau einfach zu teuer gekommen wäre. Zwar hatte man versucht, den Hochaltar aus dem aufgelassenen Karmeliterkloster in St. Pölten zu bekommen, doch der wurde den Tullnern für ihre Pfarrkirche zugesprochen.

Wirklich bemerkenswert an der Ausstattung der Kirche ist die Orgel mit spätbarocken und klassizistischen Verzierungen und Ornamenten.

Zum „Umweg“ nach Göttweig über Kleinwien sei hier eine Erläuterung angebracht: Die Orte Dürnstein, Mautern und Kleinwien bilden die Eckpunkte eines kulinarischen Dreiecks, das in Österreich einmalig ist. In keinem anderen Gebiet vergleichbarer Größe gibt es so viele mit „Hauben“ ausgezeichnete Gastronomiebetriebe wie in diesem Wachauer Schlemmerwinkel.

Stift Göttweig ist eine Gründung des Bischofs Altmann von Passau (1083). Zunächst von Augustiner-Chorherren geführt, übernahmen 1091 Benediktiner aus St. Blasien im Schwarzwald das Kloster, das damals noch aus einem Haufen zusammengewürfelter Gebäude bestand. Erst nach einem Brand 1718 wurde der Baumeister Johann Lukas von Hildebrandt, der für Prinz Eugen das Belvedere in Wien gebaut hat, mit der Planung der neuen Anlage beauftragt. Es hätte ein gigantischer Bau werden sollen, doch wegen des österreichischen Erbfolgekrieges wurde letzten Endes nur ein Drittel der Pläne Hildebrandts verwirklicht.

Neben der Kirche kann in Göttweig noch der Kaisertrakt besichtigt werden, eine überaus großzügige Anlage, die allerdings nur zwei- oder dreimal von gekrönten Häuptern benützt wurde.

Das Deckenfresko von Paul Troger, das sich über die Kaiserstiege spannt, stellt den Kampf des Lichtes mit der Finsternis dar. Dabei trägt Apoll die Gesichtszüge Kaiser Karls VI., die Frauengestalt soll Maria Theresia darstellen. Das Werk wurde bisher noch nie restauriert.

Beachtenswert ist auch der Brunnen im Stiftshof, mußte doch das Wasser dafür die 200 Höhenmeter heraufgepumpt werden. Das Pumpwerk konstruierte Joseph Emanuel Fischer von Erlach, den Brunnen gestaltete Johann Schmidt.

Bezahlt wurde der barocke Umbau des Klosters aus den Erträgen der Weinwirtschaft. Eine alte Geschichte erzählt, daß in einem der Keller des Stiftes vier goldene Apostelstatuen stünden, deren Bärte nachwüchsen…

Die anerkannte Tüchtigkeit der Mönche in Finanzangelegenheiten hat dem Stift auch den Beinamen „Zum klingenden Pfennig“ eingetragen.

Ihre Route

Der Donauabschnitt zwischen Melk und Krems wird mit Recht als das schönste Flußtal Europas beschrieben. Dennoch hat auch das Hinterland durchaus seine Reize. Es ist das Waldviertel, das da noch über den Strom reicht und dessen steil abfallende Ränder die typische Landschaft der Wachau formen.

Diesen Steilabfall müssen Sie erst einmal überwinden. Und das auf dieser Etappe gleich zweimal.

Orientierungspunkt ist der Hauptplatz von Melk, unterhalb des Stiftes. Von dort fahren Sie hinunter zur Bundesstraße und folgen dann – rechts herum – den Wegweisern zur Donaubrücke.

Drüben radeln Sie ein Stück stromaufwärts, bis zum Hauptplatz von Emmersdorf. Am Ende des Hauptplatzes biegen Sie rechts ab und halten sich auch weiterhin rechts, die etwa 400 m lange Steigung hinauf.

Nach Goßam hinüber ist die Straße etwas wellig, es geht mal bergauf, mal bergab.

In Goßam überqueren Sie nach einer Talfahrt den Felbringbach, müssen dann aber sofort wieder den Gegenhang hinauf, wobei Sie bei der Stoptafel nach links fahren (keine Wegweiser).

Jetzt beginnt der eigentliche Anstieg: 4,5 km bergauf, kurzes flacheres Stück und nochmals 200 m Steigung – dann haben Sie es geschafft: Sie sind in Maria Laach.

Von der nächsten Ortschaft, Zeißing, haben Sie die Möglichkeit, zurück zum Donauradweg, nach Aggsbach, abzufahren. Bleiben Sie jedoch am Berg, so erreichen Sie in drei ziemlich steilen Anstiegen, die jeweils ein bis zwei Kilometer lang sind, den 870 m hoch gelegenen Skiort Oberndorf.

Von nun an geht's bergab: Durch Benking und Gut am Steg können Sie's bis hinunter nach Spitz laufen lassen. (Nur zu Ihrer Information: In umgekehrter Richtung gilt der Abschnitt zwischen Spitz und Oberndorf als Radteststrecke, auf der Sie sich mit der Zeit eines Profis messen können. Auskünfte erhalten Sie im Gasthaus „Neue Welt" in Spitz.)

Zwischen Spitz und Weißenkirchen können Sie am Donauradweg Kräfte sammeln. Sie werden sie brauchen, denn im Ortszentrum, beim berühmten Teisenhoferhof, biegen Sie nicht nach rechts Richtung Krems ab, sondern fahren geradeaus weiter Richtung Weinzierl am Wald, das sind 5,6 km bergauf.

Damit haben Sie das Schlimmste schon hinter sich: Sowohl Stixendorf als auch Egelsee liegen bereits tiefer als Weinzierl (650 m).

Auf den Donauradweg stoßen Sie beim Gefängnis in Stein. Wenn Sie sich bei der Haftanstalt links halten, kommen Sie direkt zum Steiner Tor und damit ins Zentrum von Krems.

Wissenswertes, Sehenswertes

Das typische Wachaustädtchen Emmersdorf mit seinen schmalen Gassen und schmiedeeisernen Hauszeichen unterscheidet sich grundsätzlich von den Orten an den Steilhängen des Jauerlings, etwa dem locker zusammengewürfelten Markt und Wallfahrtsort M a r i a L a a c h. Dessen spätgotische Kirche, deren mittelalterliche Ausstattung sich fast unverändert erhalten hat, weist gleich drei kunsthistorische Besonderheiten auf: Ins Auge stechen der spätgotische Schnitzaltar und das marmorne Hochgrab des Protestanten Johannes Georg III. von Kuefstein, mit der lebensgroßen, knienden Statue des Verstorbenen. Die Kuefstein hatten 1584 die Herrschaften Spitz, Zeißing und Laach gekauft.

Weniger auffallend, dafür umso diffiziler ist die Besonderheit des Gnadenbildes auf dem linken Seitenaltar. Die Madonna mit dem Kind hat an der rechten, den Rosenkranz haltenden Hand sechs Finger. Ob es sich dabei um einen Fehler des Künstlers handelt oder ob er damit die besondere Wunderkraft versinnbildlichen wollte, konnte nie geklärt werden.

Der J a u e r l i n g, dessen Gipfel ganz in der Nähe von Oberndorf liegt, ist mit 960 m die höchste Erhebung in dieser Region.

S p i t z, der Zentralort der Wachau, wird vom Burgberg beherrscht. Der freistehende Hügel wird so genannt, obwohl dort nicht einmal die Reste einer Burg, sondern nur Weinstöcke zu finden sind. Der Burgberg ist daher besser als Tausendeimerberg bekannt, weil die Lese dort in guten Jahren 1000 Eimer Wein, das sind 56.000 Liter, ergibt!

Die Ruine etwas abseits davon heißt Hinterhaus, zum Unterschied von der Burg, die in der Nähe der Kirche lag und Vorderhaus hieß.

Zu den vielen malerischen Winkeln und Sehenswürdigkeiten, die Spitz zu bieten hat, gehört zweifelsohne die Pfarrkirche, deren Chorraum durch eine Besonderheit auffällt: Er ist aus der Achse des Langschiffes um 20° geknickt. Solche ge-

Hochgrab des Kuefsteiners Johannes Georg III.
in der Kirche von Maria Laach

knickte Kirchen gibt es in Österreich deren sieben, aber bei keiner ist der Knick so stark wie bei der Spitzer Kirche. Noch aus der Bauzeit, der Spätgotik, dürften die Holzplastiken stammen, die auf der Orgelbrüstung zu finden sind: Sie stellen Christus und die zwölf Apostel dar.

Auch historisch weist Spitz eine Besonderheit auf. Es war bis zum Jahr 1504 eine bayrische Enklave mitten in Österreich. Das Gebiet um Spitz war dem Kloster Niederalteich in Bayern von Karl dem Großen geschenkt worden – das erklärt auch die fränkische Art des Weinbaues, nämlich in Terrassen –, später hatten bayrische Herzöge das Hoheitsrecht ausgeübt.

Verwaltungszentrum des Klosters war der Erlahof, in dem heute das Schiffahrtsmuseum untergebracht ist. In dieser Schau kann man sich so recht ein Bild davon machen, wie sich die Schiffahrt auf der Donau entwickelt hat. Vom Schiffszug, der vom Treppelweg aus von Pferden stromaufwärts geschleppt wurde, über die ersten Raddampfer und die Kettenschiffe, die sich an einer im Fluß verankerten Kette gegen die Strömung zogen, bis hin zur modernen Flußschiffahrt wird dort alles anhand von Schaustücken und Modellen erklärt.

Ihr nächster Halt müßte dann St. Michael sein. Die Kirche, vom Bistum Passau schon im 10. Jahrhundert errichtet, blieb bis ins 14. Jahrhundert die einzige Pfarre im Donautal. Die Anlage war geistiges Zentrum und Schutzburg zugleich, der wehrhafte Charakter des Gotteshauses ist heute noch zu erkennen.

Auf dem Dach der Kirche sitzen sieben Hasen, die sich der Sage nach bei hoher Schneelage auf den First geflüchtet, dann aber ein plötzlich einsetzendes Tauwetter verpaßt hätten. Nach einer anderen Deutung soll sich der Dachdecker Siebenhaas hier verewigt haben. Wieder andere meinen, es handle sich gar nicht um Hasen, sondern um Rehe und Pferde oder um „die Wilde Jagd“ als Abwehrzauber gegen böse Geister.

Da St. Michael nicht nur die einzige Pfarre war, sondern lange Zeit auch den einzigen Friedhof der Wachau besaß, kommt dem Karner große Bedeutung zu. Acht Meter hoch, so heißt es, sind im Keller die Knochen und Totenschädel aufgeschlichtet. Ein Teil der Gebeine ist im Karner zu einem makabren Altar aufgefügt.

An den Totenköpfen fällt auf, daß sich darunter besonders viele „Kreuzköpfeln“ befinden, Schädel, bei denen die Pfeilnaht bis zum Stirnbein reicht. Dieses Phänomen trete bei besonders gescheiten Leuten häufig auf, meint die Volksmedizin, und jeder Wachauer wird das bestätigen.

Gleichfalls im Karner finden sich durch den Donausand versteinerte Mumien (datiert 1150–1300) und drei Sparsärge, wie sie der Reformkaiser Joseph II., der Sohn Maria Theresias, einführen wollte, um Holz zu sparen und die Begräbniskosten zu senken. Die Särge haben am Boden eine Klappe, durch die man die Leiche im Grab ablegte. Der Sarg wurde dann wieder heraufgezogen und für ein anderes Begräbnis verwendet.

Mitten durch die Weingärten geht es nach Wösendorf, wo es in der Pfarrkirche eine Rarität gibt: ein Deckenfresko des „Kremser Schmidt“, auf dem eine Figur eine Brille trägt – eine Erfindung der damaligen Zeit. Im Ort gibt es Lesehöfe der Stifte Schlägl, Garsten, St. Florian, Melk und natürlich Passau. Das deutet darauf hin, daß hier einst das Zentrum des Weinbaues war. Und heute noch ist.

Aus Joching etwa bezogen einst auch die Augustiner-Chorherren in St. Pölten ihren Wein. Ihr Weingut, der Pöltingerhof, ist nach der Barockisierung durch Jakob Prandtauer als „Prandtauerhof“ bekannt.

Aus dem Weinbaugebiet zwischen Joching und Weißenkirchen stammt auch die in Österreich besonders beliebte Weinsorte „Riesling“. Sie soll nach dem Ritzlingbach benannt sein, den Sie auf der Fahrt nach Weißenkirchen überqueren.

Die Rebsorte, 1300 hier erstmals gezogen, wurde im Mittelalter an den Rhein verpflanzt, von wo sie in modifizierter Form als „Rheinriesling“ in ihr Ursprungsland zurückgekehrt ist.

In Weißenkirchen fällt schon von weitem die mächtige, über dem Ort thronende Kirche auf, zu der ein gedeckter Stiegenaufgang führt. In der Kirche, die eigentlich aus drei nebeneinander stehenden Kapellen „zusammengeflickt“ wurde, gibt es zahlreiche Kunstschätze, darunter die

„Schutzmantelmadonna“ und die Kanzel mit den vier Evangelisten. Die Glocke der Kirche – vielleicht haben Sie Glück und sie läutet gerade – soll noch schöner klingen als die des Stiftes Göttweig. Deshalb soll versucht worden sein, Nägel in die 1455 gegossene „Frauenglocke“ zu schlagen, um ihren Klang zu mindern – eine Sage, die die 23 Münzen erklärt, die in die Glocke eingegossen wurden.

Neben der Kirche steht das älteste Schulgebäude Niederösterreichs. Die wohlhabenden Weißenkirchner haben es schon 1385 eingerichtet. Und unterhalb der Kirche liegt der Teisenhoferhof, der schönste Renaissancehof der Wachau. Sein einstiger Besitzer und Namengeber, Heinrich Teisenhofer, war Bürgermeister und Stadtrichter von Weißenkirchen. Als er sich im Amt verspekuliert hatte, wurde er abgewählt und sein Vermögen zur Schadensgutmachung herangezogen (ein Vorgehen, das man sich manchmal auch heute noch wünschen würde). Von Teisenhofers Witwe ist bekannt, daß sie Bettelbriefe an Fürsten und Bischöfe schreiben mußte, um sich und ihre Kinder durchzubringen.

Falls Sie ein Motorradfan sind, können Sie auf dem Weg zwischen Stixendorf und Krems in Egelsee Station machen. Dort gibt es ein Motorrad-Museum mit vielen „historischen“ Exponaten.

Stein war als Stadt stets selbständig, ist aber seit 1250 verwaltungstechnisch mit Krems verbunden. Zu den zahlreichen Sehenswürdigkeiten dieser Stadt zählen neben den beiden Stadttoren, dem Kremser und dem Linzer Tor, vor allem die Kirchen: die Pfarrkirche mit Gemälden des „Kremser Schmidt“, der in Wirklichkeit in Stein zu Hause war, die Frauenbergkirche auf einem Felsen oberhalb der Pfarrkirche und die ehemalige Minoritenkirche, heute ein Museum.

Daneben gibt es in Stein eine Fülle von beachtlichen Häusern mit schönem Fassadenschmuck. So das Mazzettihaus, in dem jener Ludwig Köchel wohnte, der mit der Kartierung von Mozarts Werken, eben dem Köchel-Verzeichnis, in die Musikgeschichte eingegangen ist. Oder den großen und kleinen Passauerhof, typische Renaissancebauten, den Pfarrhof mit seinen reichen Stuckarbeiten oder das Haus des „Kremser Schmidt“, das knapp vor dem Linzer Tor liegt.

Wie Stein ist auch K r e m s angestopft mit Sehenswürdigkeiten. Dennoch kann man die Stadt nicht einfach besichtigen wie ein Museum, Krems muß man erleben! Denn die Stadt an der Donau ist nicht nur voller Kultur, sondern auch voll Leben.

Das erste, das Sie auf Ihrer Tour zu Gesicht bekommen, ist das Steiner Tor, wohl die bekannteste Sehenswürdigkeit und gleichzeitig das Wahrzeichen von Krems. 1480 erbaut, ist es das letzte imposante Relikt der einstigen Stadtbefestigung, die Mitte des vorigen Jahrhunderts geschleift wurde, um die Stadterweiterung nicht zu behindern.

Nicht zu übersehen sind auch die Kirchen der Stadt. So die Dominikanerkirche, die schon zweimal den Wandel vom Sakral- zum Profanbau überstanden hat. Die Patres haben sich nämlich als strenge und mitunter grausame Inquisitoren keinen guten Namen gemacht. Deshalb vertrieb man sie in der Reformationszeit aus Kirche und Kloster. Ihre Zellen wurden zu Wohnungen adaptiert, die Kirche als Pulvermagazin benützt.

Im Zuge der Gegenreformation kamen die Patres wieder und blieben, bis Joseph II. 1785 das Kloster aufhob. In der folgenden Periode diente die Kirche nacheinander als Getreidespeicher und Bierdepot, bekam Ende des 19. Jahrhunderts mitten durch die Fresken eine Zwischendecke eingezogen, um so Platz für ein Museumsdepot und einen Schnürboden für das darunterliegende Theater zu schaffen, wandelte sich zum Kino und schließlich zum Feuerwehrdepot. „Es war ein seltsamer Anblick“, erinnern sich ältere Kremser, „wenn die Schläuche zum Trocknen aus den gotischen Maßwerkfenstern hingen und die Feuerwehrautos durch die romanischen Portale aus und ein fuhren“.

Von der Lage her vielleicht noch prominenter als die Dominikanerkirche, thront eindrucksvoll die Jesuitenkirche oberhalb der Pfarrkirche über der Stadt. Sie ist die älteste Kirche von Krems.

Das Jesuitenkolleg wiederum ist das älteste Bildungsinstitut der Stadt. 1776 von den Piaristen übernommen, ist es zugleich ein Symbol für die Schulstadt Krems, in der Tag für Tag über 6000 Schüler zusammenströmen.

Scharfe Beobachter werden in der Pfarrkirche eine Besonderheit entdecken: zwei Seitenaltäre, die beim ersten Hinschauen vollkommen gleich aussehen, in Wahrheit aber von verschiedenen Künstlern für verschiedene Kirchen geschaffen wurden – der eine für die Pfarrkirche, der andere für das Kapuzinerkloster in Und, jenem Stadtteil zwischen Krems und Stein, der seinen Namen nicht von dem Bindewort ableitet, sondern vom lateinischen „ad undas“ (an den Wellen). Heute sind im Kloster die Touristeninformation und ein Weinkolleg untergebracht, in dem man die besten Weine Österreichs verkosten kann.

Zu den vielen schönen Baudenkmälern, über die man in Krems geradezu stolpert, zählen all die Häuser rund um den mit Donaukiesel gepflasterten Hohen Markt, wie etwa die Gozzoburg, die keine Burg, sondern das Wohnhaus des wohlhabenden Finanzverwalters Gozzo war, das alte Rathaus, das große Sgraffitohaus oder das Institut der Englischen Fräulein.

Ein ähnlich sehenswertes Ensemble befindet sich mit dem Mesnerhaus und dem Haus „Zu den vier Jahreszeiten“ in der Nähe des Dominikanerklosters. Unbedingt durchwandern sollten Sie die Obere und die Untere Landstraße, die Haupt- und Geschäftsstraße der Kremser Altstadt.

Falls Sie es brauchen

E 8 Variante Süd

Anzendorf (Gemeinde Schollach) Gasthaus
Zimmernachweis und Auskünfte Tel. 02754/6929

Roggendorf (Gemeinde Schollach) Gasthaus, Fremdenzimmer

Loosdorf Bahnhof, Arzt, Apotheke, Bank, Gasthaus
Zimmernachweis und Auskünfte Tel. 02754/6384

Albrechtsberg (Gemeinde Loosdorf) Fremdenzimmer

Mauer (Gemeinde Dunkelsteiner Wald, Tel. 02752/8246) Gasthaus, Fremdenzimmer

Nölling (Gemeinde Dunkelsteiner Wald) Gasthaus, Fremdenzimmer

Gerolding (Gemeinde Dunkelsteiner Wald) Gasthaus, Fremdenzimmer

Aggsbach Dorf Arzt, Apotheke, Bank, Gasthaus, Freibad
Zimmernachweis und Auskünfte Tel. 02753/8269

Maria Langegg (Gemeinde Bergern) Gasthaus

Schenkenbrunn (Gemeinde Bergern) Gasthaus, Fremdenzimmer

Oberbergern (Gemeinde Bergern) Gasthaus
Zimmernachweis und Auskünfte Tel. 02714/7220

Steinaweg (Gemeinde Furth)

Kleinwien (Gemeinde Furth) Bahnhof, Gasthaus

Paudorf Bahnhof, Arzt, Apotheke, Bank, Gasthaus
Zimmernachweis und Auskünfte Tel. 02736/245

Stift Göttweig Restaurant mit herrlichem Blick ins Donautal von der Terrasse aus

Furth Bahnhof, Arzt, Bank, Gasthöfe
Zimmernachweis und Auskünfte Tel. 02732/6422

Krems/Stein Bahnhof, Schiffstation, Arzt, Apotheke, Bank, Gasthöfe, Campingplatz, Jugendherberge, Freibad, Hallenbad, Museum
Zimmernachweis und Auskünfte: Fremdenverkehrsstelle im Kloster Und, Undstraße 6, Tel. 02732/82676

Emmersdorf s. E 7, Variante Nord

Goßam (Gemeinde Emmersdorf) Fremdenzimmer

Maria Laach Arzt, Bank, Gasthöfe, Freibad
Zimmernachweis und Auskünfte Tel. 02712/352

Zeißing (Gemeinde Maria Laach) Gasthaus, Fremdenzimmer

Oberndorf (Gemeinde Maria Laach) Gasthaus, Fremdenzimmer

Benking (Gemeinde Maria Laach) Fremdenzimmer

Spitz Bahnhof, Schiffstation, Fähre nach Hofarnsdorf, Arzt, Apotheke, Bank, Gasthöfe, Freibad, Museum
Zimmernachweis und Auskünfte Tel. 02713/2248

St. Michael (Gemeinde Weißenkirchen) Gasthaus, Museum

Wösendorf (Gemeinde Weißenkirchen) Bahnhof, Bank, Gasthöfe

Joching (Gemeinde Weißenkirchen) Bahnhof, Gasthöfe, Freibad

Weißenkirchen Bahnhof, Schiffstation, Fähre nach St. Lorenz, Arzt, Bank, Gasthöfe, Campingmöglichkeit, Freibad, Museum
Zimmernachweis und Auskünfte Tel. 02715/2221

Weinzierl am Wald Arzt, Apotheke, Bank, Gasthaus
Zimmernachweis und Auskünfte Tel. 02717/8201

Stixendorf (Gemeinde Weinzierl) Gasthaus

Egelsee (Gemeinde Krems) Arzt, Gasthaus, Museum, Fremdenzimmer

Krems/Stein s. Variante Süd

Ihre Route

Ja, ein paar Steigungen gilt es auch auf dieser Etappe zu überwinden. Doch trainiert wie Sie jetzt schon sein müssen, wird Ihnen weder der Göttweiger Berg noch der Anstieg hinauf nach Heiligenkreuz-Gutenbrunn zu schaffen machen.

In Krems folgen Sie zunächst den Radwegweisern zur Donaubrücke, überqueren die Donau, verlassen dann aber den Donauradweg und fahren landeinwärts Richtung Palt. Von da geht es auf der Straße weiter, und zwar links Richtung Angern und Traismauer.

Sie peilen Traismauer aber nicht in der Direttissima an, sondern wählen die sportliche Variante. Das heißt, Sie biegen nach Brunnkirchen rechts ab nach Oberfucha. Schon das „Ober-" zeigt an, daß es bergauf geht, nämlich 800 m. Nach dem Ort folgt wieder eine Steigung – diesmal bloß 600 m lang – Richtung Eggendorf. Doch noch ehe Sie den Ort erreichen, müssen Sie links nach Krustetten abbiegen.

Dort treten Sie nochmals kräftig in die Pedale, aber nach etwa 600 m sind Sie im wahrsten Sinn des Wortes über den Berg. Jetzt läuft's bergab die fünf Kilometer durch Ried und Nußdorf bis Traismauer.

Die Abzweigung nach Stollhofen und Frauendorf ist zwar nicht markiert, jedoch nicht schwer zu finden. Verlassen Sie nach einer Besichtigung die Stadt durch das Stadttor, dann brauchen Sie sich nur ein wenig links zu halten. Fahren Sie außen un das Zentrum herum, so soll Ihnen der Hinweis auf die Gendarmerie Wegweiser sein. Wenn Sie nach dem Gebäude, in dem die Behörde untergebracht ist, nach links fahren, sind Sie auf dem richtigen Weg.

Jetzt folgen die Orte wie aufgefädelt: Stollhofen, Frauendorf, Hilpersdorf, Gemeinlebarn, Ahrenberg und schließlich, wegen seines Schlosses nicht zu übersehen, Sitzenberg.

Jetzt kommen Sie wieder ins Hügelland. Daher gibt es auch ein paar Steigungen, die stärkste davon auf 300 m Länge und noch einmal 600 m lang zwischen Gutenbrunn und Heiligenkreuz.

Richtung Adletzberg und Hasendorf geht es aber schon wieder bergab. Ab Hasendorf können Sie sich an den grünen Wegweisern des Franz-Schubert-Radweges orientieren, der über Watzendorf, Hütteldorf, Heiligeneich und Weinzierl nach Atzenbrugg und weiter nach Rust im Tullnerfeld führt.

Von Rust radeln Sie geradeaus weiter nach Neusiedl. Dort biegen Sie, fast schon am Ortsende, gegenüber dem Haus Nr. 7 nach links ab, überqueren kurze Zeit später die Bundesstraße und stoßen in Langenschönbichl wieder auf den Donauradweg, der durch Kronau nach Tulln führt.

Wissenswertes, Sehenswertes

Der prominenteste Mann von Traismauer hat einen Eierkopf. Das dürfte seinerzeit nicht ganz das gleiche bedeutet haben wie heute: Man hielt damals Eierköpfe für besonders intelligent. Deshalb hat man in besseren Kreisen den kleinen Kindern den Schädel geschnürt, um diese Eiform zu erreichen bzw. eine schon bestehende zu verstärken.

Der prominenteste Mann von Traismauer hat so einen Schnürschädel. Deshalb und aufgrund einiger Restchen eines orientalischen Stoffes, die man in seinem Grab entdeckt hat, nimmt man an, daß es sich um den Grafen Cadaloc handelt, der in den Grenzkriegen mit den Awaren einen Pfeil in den Hintern bekam. Die Pfeilspitze lag auch in seinem Grab.

In Graf Cadaloc vermutet man den Gründer der Kirche von Traismauer, denn er erhielt seine letzte Ruhestätte unter dem Gotteshaus. Um ihn überhaupt in sein Grab betten zu können, mußte der Estrich des römischen Kommandogebäudes, an dessen Stelle man die Kirche gebaut hatte, aufgehackt werden.

Das alles kann man heute noch bei einem Besuch der Ausgrabungsstätte sehen. Dieser unterirdische Schauraum mit seinen vorrömischen Mauerresten ist sozusagen die Schlüsselstelle für eine weitere Besichtigung Traismauers, insbesondere des Heimatmuseums, das in einem Turm untergebracht ist, der gleichfalls Teil des römischen Lagers Augustiniana war.

In diesem Heimatmuseum werden Grabungsfunde aus allen Zeitabschnitten gezeigt, und doch sind die Exponate nur ein kleiner Teil der vielen Dinge, die man in und um Traismauer aus dem Boden gebuddelt hat. Eines der schönsten Stücke, das leider nur selten im Museum ausgestellt wird, ist eine römische Helmmaske, wie sie die Legionäre bei bestimmten Reiterspielen getragen haben. Dieses Stück ist zwar eine ausgesprochene Rarität, sonst aber ist der Boden hier reich an Schätzen. Wo immer man Grabungen durchführt, sei es, um ein Haus zu fundamentieren, sei es, um einen Kanal oder eine Wasserleitung zu legen – überall stößt man auf die Spuren der Ureinwohner von Traismauer.

In noch weiter zurückliegende Zeiten weist eine weitere Attraktion von Traismauer: der Saurierpark, in dem lebensgroße, täuschend echt aussehende Kreaturen aus der Urzeit unserer Erde nachgestellt sind.

Obwohl das Tullnerfeld als eine der Kornkammern Niederösterreichs gilt, führt Sitzenberg einen Fisch im Wappen. Dabei lieg der Ort nicht einmal in der Nähe der Donau. Das schuppige Wappentier stammt auch nicht aus der Donau, sondern aus dem Teich hinterm Schloß, der schon vor 250 Jahren statt einer sauren Wiese angelegt worden ist. Dort wird bis heute Fischzucht betrieben. Zehn Hektar groß, spiegelt sich in dem Fischwasser nicht nur das malerische Schloß, sondern die ganze Geschichte des Ortes, dessen Bevölkerung noch vor einem halben Jahrhundert vom und für das Schloß gelebt hat. Leider ist der auf einem 60 m hohen Hügel thronende turmbewehrte Bau, der ursprünglich aus dem 15. Jahrhundert stammt, für die Öffentlichkeit nicht zugänglich.

In unmittelbarem Zusammenhang mit dem Schloß steht ein eigenartiges Grabdenkmal auf dem Ortsfriedhof, das sogenannte Romantikergrab. Diese Gruft gehört eigentlich zur Grabkammer, die sich der ehemalige Schloßbesitzer errichten ließ. Im Mausoleum wurden aber nur die verheirateten Familienmitglieder bestattet, die ledigen wurden in ein Grab hinter dem Haus verbannt.

Ob diese seltsame Bestattungssitte, die den Ehestand so deutlich hervorhebt, wohl aus jenen Zeiten herrührt, da die Türken plündernd und mordend durch das Land zogen? Damals wurden so viele Frauen von den Türken verschleppt, daß sich in den Jahren danach jeder Mann glücklich schätzen durfte, der eine Frau fürs Leben gefunden hat.

Im nahen Hasendorf, das zu Sitzenberg-Reidling gehört, rotteten die Türken die gesamte Bevölkerung aus. Das Dorf, einst bedeutender als Sitzenberg, hat dadurch seine Vorrangstellung eingebüßt, und nur noch ein hölzerner Pranger, einer der letzten in Niederösterreich, weist darauf hin, daß in diesem Flecken sogar die niedere Gerichtsbarkeit ausgeübt wurde.

Ruft Erinnerungen an Franz Schubert wach: Schloß Atzenbrugg

Schloß Heiligenkreuz, in dem ein Barockmuseum untergebracht ist, bildet zusammen mit der Wallfahrtskirche „Maria, Heil der Kranken“ ein interessantes Ensemble. In der Kirche finden sich Fresken und Bilder von Anton Maulpertsch. Die Fassade der Kirche wie die des Schlosses stammen aus dem Rokoko. Besonders beachtenswert im Inneren ist das dreiteilige Treppenhaus, das über und über mit Stuckornamenten verziert ist.

Schloß Atzenbrugg, dem Franz Schubert durch seine „Atzenbrugger Tänze“ Weltruhm und Unsterblichkeit verlieh, ist ein intimes Bauwerk am Ufer der Perschling. Die Russen haben es 1945 verwüstet, doch erst in den achtziger Jahren wurde das Kleinod renoviert und als Kulturzentrum ausgestaltet.

Franz Schubert hat zwischen 1820 und 1828 so manchen fröhlichen Sommertag in Atzenbrugg verbracht. Daß es bei diesen Landpartien tatsächlich hoch hergegangen ist, davon legen im Schloß Bilder des Malers Kupelwieser Zeugnis ab; Kupelwieser selbst zählte zum Kreis der Schubertianer. Auffällig ist, daß Franz Schubert auf allen diesen Bildern eher ruhig wirkt, während sich seine Freunde ausgelassen geben.

Wie diese „Gesellschaft“ ausgerechnet nach Atzenbrugg gekommen ist, läßt sich leicht erklären: Der Verwalter des Schlosses, das damals dem Stift Klosterneuburg gehörte, war ein Onkel des Dichters, Schriftstellers und Zeichners Franz von Schober, einem der engsten Freunde Schuberts.

Zu den historischen Sehenswürdigkeiten von Atzenbrugg gehört selbstverständlich auch das Schubert-Häuschen, ein versteckter Gartenpavillon, in dem der Liederfürst die „Atzenbrugger Tänze“ komponiert haben soll.

Auch in der nächsten Ortschaft, in Rust im Tullnerfeld, gibt es ein Museum, das einem berühmten Österreicher gewidmet ist: Im Hause Nr. 37, einem großen Bauernhof, wurde 1902 Leopold Figl geboren. Er war der erste Bundeskanzler der Zweiten Republik, und als Außenminister hat er 1955 den Staatsvertrag unterschrieben; Figl starb 1965.

Ihre Route

Die ersten paar Kilometer dieser Etappe haben es wirklich in sich, dann aber bleibt die Strecke ohne sportlichen Höhepunkt. Wenn Sie sich erst einmal nach Droß durchgekämpft haben, können Sie für den Rest des Weges den Berggang an Ihrer Schaltung vergessen. Zu sehen gibt es auf dieser Alternativ-Route allerdings mehr als auf dem Donauradweg.

Um nach Droß zu kommen, folgen Sie ab Krems zunächst den grünen Radwegweisern des Waldviertel-Radweges nach Senftenberg. Die erste Tafel finden Sie dort, wo die Straße nach Senftenberg vom Ring abzweigt, also bei der Brücke über den Krems-Fluß.

Nützen Sie die fast ebene Strecke durch Rehberg und Imbach, um sich warmzuradeln, denn ab Senftenberg werden Sie hart gefordert. Die Wegweiser zeigen nach Droß und Priel, und von dieser Abzweigung an geht es sofort steil bergauf, durch eine Art Hohlweg. 1,5 km etwa sind es bis Priel, doch auch nach dieser kleinen Ortschaft folgt eine Steigung. Erst wenn Sie die Türme des Schlosses von Droß sehen, haben Sie den Anstieg und damit das schwerste Stück der ganzen Etappe geschafft.

Nach dem Schloß in Droß biegen Sie links in die Herrengasse ein und fahren dann wieder rechts nach Lengenfeld. Etwas außerhalb dieses Ortes stoßen Sie auf die Durchzugsstraße, der Sie, wieder rechts, nach Langenlois folgen. Dabei können Sie auf einem gut 3 km langen Abschnitt mit einem deutlichen Gefälle rechnen.

In der Weinstadt Langenlois radeln Sie bis zum Hauptplatz, überqueren dort den Loisbach und biegen links, durch den Park und unter der Bahn durch, in die Hochedlingergasse ein. Bei einer kleinen Kapelle zweigt der Weg rechts ab. Immer geradeaus müßten Sie – über die Bundesstraße – zum kleinen Schlößchen Haindorf kommen, bei dem Sie nochmals halbrechts nach Gobelsburg abbiegen.

Ab Gobelsburg benützen Sie wieder die wenig befahrene Straße. Sie führt über Zeiselberg nach Hadersdorf. Diendorf ist Ihr nächstes Ziel, dann geht es, wenn Sie sich im Ort links halten, auf einer Schotterstraße nach Etsdorf.

Den Ort lassen Sie im wahrsten Sinne des Wortes links liegen, Sie radeln gleich weiter nach Sittendorf und Haitzendorf, zum Schloß Grafenegg und durch den Schloßpark immer geradeaus durch eine schöne Kastanienallee nach Wagram. Dabei stoßen Sie auf die grünen Wegweiser des Weinviertel-Radweges, denen Sie noch durch Feuersbrunn folgen können.

Wo der Weinviertel-Radweg nach Feuersbrunn die Bundesstraße quert, halten Sie sich rechts, radeln ein Stück auf der Straße und biegen dann ins Zentrum von Fels am Wagram ab.

Nach der Ortsdurchfahrt folgen Sie einfach der Straße, die sich entlang dem Wagram hinzieht. So kommen Sie durch Thürnthal und Engelmannsbrunn nach Kirchberg am Wagram und Unterstockstall.

In Königsbrunn müssen Sie sich Richtung Absberg (nicht Absdorf) wenden, der im Ortsnamen angekündigte Berg folgt jedoch erst nach Hippersdorf: Sie erklimmen nun die Höhe des Wagrams, also keine besondere Anforderung.

Oben geht es etwas wellig weiter durch Stetteldorf nach Starnwörth, wo Sie rechts abbiegen und vom Wagram wieder hinunter ins Tullnerfeld radeln. Von der Abzweigung bis Tulln ist der Weg wieder grün markiert, jetzt aber als Heldenberg-Radweg ausgeschildert. Neuaigen und Trübensee sind die letzten beiden Orte, die Sie auf dem Weg nach Tulln passieren.

Frühes Zeugnis der Gotik in Österreich:
Die Kirche von Imbach

Wissenswertes, Sehenswertes

Wie in Krems selbst gibt es auch in den beiden „Vororten" Imbach und Rehberg einiges zu besichtigen. Zwar erweckt die Kirche von Imbach mit ihrem kleinen schlanken Türmchen den Eindruck einer Dutzendpfarrkirche, ist aber dennoch ein einzigartiges Bauwerk der Gotik:

Einst Teil eines Dominikanerinnenklosters, ist sie die früheste gotische Hallenkirche und die älteste erhaltene zweischiffige Kirche Österreichs.

Gegründet wurde das Kloster bereits im Jahr 1269. Der Stifter besaß in Imbach eine Burg, die er aber den Nonnen als Baumaterial überließ. Das Kloster wurde 1782 im Zuge der josephinischen Reform aufgelassen und später bis auf die Grundfesten abgetragen. Aus dem Schutt haben erst vor kurzem die Ortsbewohner den relativ gut erhaltenen Kreuzgang ausgegraben. In der Kirche werden zahlreiche Kunstschätze aufbewahrt. Ein besonderes Juwel innerhalb der Kirche stellt die hochgotische Katharinenkapelle dar.

Die auf einer Klippe am rechten Ufer der Krems gelegene Burg Rehberg, deren Reste frei zu besichtigen sind, war einst Wohnort einer Königin. Agnes von Ungarn, die Enkelin Rudolfs I. von Habsburg, lebte hier als Witwe.

Nur wenige Kilometer weiter erhebt sich malerisch die Ruine Senftenberg mitten aus den Weingärten. Sie bildet zusammen mit der gotischen Wehrkirche ein bemerkenswertes Ensemble. Die Burg, die im Kern auf das 11. Jahrhundert zurückgeht, wurde bereits 1645 von den Schweden niedergebrannt, und danach nicht wieder aufgebaut.

In der ehemaligen Schloßkapelle von Droß, die bis 1953 auch Pfarrkirche war und heute als Aufbahrungshalle dient, hat man 1954 Fresken entdeckt, sie in jahrelanger Arbeit freigelegt und restauriert. Die teilweise noch gut erhaltene Malerei dürfte bereits um 1330 entstanden sein.

Das Schloß, zu dem diese romanische Kirche gehörte, ist in seiner heutigen Form viel jüngeren Datums. Es ist mit seinem Torturm und den vier markanten Ecktürmen ein Bauwerk aus der Mitte des 18. Jahrhunderts. Der Vorgängerbau ist bei der Neugestaltung und Barockisierung fast völlig verschwunden.

Der Streit, ob Langenlois oder das burgenländische Gols Österreichs größte Weinbaugemeinde ist, wird wohl nie entschieden werden. Aber wenn Sie in und um Langenlois unterwegs sind, können Sie sich ja selbst ein Bild von der Ausdehnung der Weinkulturen machen. 2300 ha sind es, auf die jährlich etwa zwölf Millionen Liter Wein entfallen. Der Fassungsraum der Fässer in den gut 800 Kellern und 500 Preßhäusern beträgt rund 20 Millionen Liter.

Freilich, in Langenlois werden auch andere Maßstäbe gesetzt. Hier wird nicht nur Wein zum Trinken in Vierteln ausgeschenkt, auch die Weingartenfläche wird in Vierteln angegeben. Ein Viertel, das sind 15 Ar. Und wer in Langenlois etwas gelten will, muß schon seine 100 Viertel haben – Weingärten natürlich.

Neben diesem Flächenadel, dem jeder Schraz – so werden hier die Hauer genannt – angehören kann, solang er nur über genügend Weingärten gebietet, gibt es in Langenlois noch eine besondere Art von Bürgern: die sogenannten Vierzigerherren.

So ein Vierziger ist auf jeden Fall ein Langenloiser, denn nur ein Langenloiser kann ein Vierzigerherr sein. Selbst aus den angegliederten Katastralgemeinden kann kein Vierziger kommen.

Ein Vierziger ist zudem Hausbesitzer in Langenlois, ist ein eingesessener und altehrwürdiger Bürger, und sein Haus ist demnach ein Vierzigerhaus. Die Vierziger sind allesamt beneidete Besitzer eines großen Waldes, und das schon seit 1023, soweit man das auf das Jahr genau feststellen kann.

Die ersten Vierziger waren tatsächlich 40 Siedler, die von ihrem Lehensherrn ein größeres Stück des Gföhler Waldes als Starthilfe erhalten haben. Damit kein Fremder Anteil an dem Wald haben konnte (durch Erbschaft, Schenkung oder Kauf), beschlossen die Vierziger, den Waldbesitz an ein Haus oder an einen Hof in Langenlois zu binden. Dieser Waldbesitz führte bald dazu, daß die Vierzigerherren in Langenlois besonderes Ansehen genossen, und wenn ein junger Mann in ein Vierzigerhaus einheiratete, so durfte er sich ob der guten Partie glücklich schätzen. Daran hat sich bis heute nichts geändert, denn ein Vierzigerherr zu sein, das gilt auch heute noch etwas in Langenlois.

Neben den vielen schönen Bürgerhäusern, die man dort findet, zählen die Nikolauskapelle, die schon geweiht wurde, ehe man (70 Jahre später) mit dem Bau des Stephansdomes in Wien begonnen hat, und die gotische Pfarrkirche zu den Sehenswürdigkeiten des Ortes. Der barocke Turm, einer der schönsten des Landes, steht auf einer eigenen Bauparzelle und gehört, strenggenommen, nicht zur Kirche, sondern der Gemeinde, die ihn auch erhalten muß.

Der Mörtel, mit dem der Kirchturm verputzt ist, soll übrigens mit Wein angerührt worden sein. Das war in einem der Jahre, als das Wetter so schlecht war, daß der Wein zum „Reifenbeißer“ wurde, also so sauer war, daß die Säure die eisernen Reifen der Fässer angriff. Damals soll sogar der hl. Urban, der Schutzpatron der Winzer, Wasser aus dem Loisbach getrunken haben: Ein junger Winzer hat nämlich während einer Bittprozession die Statue des Heiligen in den Bach geworfen, damit auch er weiß, was es bedeutet, Wasser statt Wein trinken zu müssen…

An solchen alten und doch ewig jungen Geschichten rund um den Wein ist Langenlois reich. Deshalb ist der Besuch des Heimatmuseums wirklich zu empfehlen, denn um fast jeden der dort ausgestellten Gegenstände rankt sich eine Legende, wie etwa die von den Totenkrügerln, die man den verstorbenen Hauern mit ins Grab gegeben hat, damit sie vom neuen Wein kosten konnten.

Das Schlößchen von H a i n d o r f , ein hübscher Bau, zu Beginn des 17. Jahrhunderts errichtet, wurde nach einer gründlichen Renovierung in den letzten Jahren in ein Schulungs- und Tagungszentrum umgewandelt.

Der Ort G o b e l s b u r g wird schon im 12. Jahrhundert im Zusammenhang mit Weingärten genannt, und es gab kaum ein Kloster in Niederösterreich, das in Gobelsburg nicht einen Lesehof hatte. Auch heute noch ist das Schloß, das 1725 im

Zauber der Architektur:
Das Schlößchen von Haindorf

Barockstil neu aufgebaut wurde, ein Guts- und Lesehof des Stiftes Zwettl. Die Weine, die dem Papst und den Prälaten gleich gut munden, können Sie im Schloßkeller verkosten.

Bei Ihrer Tour durch Hadersdorf sollte Ihnen eines auffallen: Im Ort gibt es kaum einen Stadel. Und wenn es im Ort keine Stadel gibt, dann gibt es dort auch keine Bauern. In Hadersdorf am Kamp hat man auch früher kaum einen Bauern gefunden. Hadersdorf hatte eine andere Funktion: Es war Brückenkopf am Kamp, ein Sammel- und Rastplatz für fahrende Kaufleute, eine europäische Karawanserei. Noch heute führen vom Hauptplatz fünf Straßen in alle Gegenden des Landes. Durch fünf Tore zogen einst Wagenkolonnen ins finstere Waldviertel, ins Kamptal, nach Krems, nach Wien und ins Tullner Becken.

In Hadersdorf wurden diese Kolonnen zusammengestellt und ausgerüstet, in unsicheren Zeiten lagerte hier auch eine Landsknechttruppe, die diesen wichtigen Straßenknoten schützte. Zwei Landsknechte zieren sogar das Wappen der Stadt.

700 Jahre lang lebten die Hadersdorfer von Kaufleuten und Fuhrknechten. Durch 700 Jahre blühten Handel und Gewerbe, und zu allen Zeiten konnten sich wohlhabende Bürger des Marktes rund um den Hauptplatz all die schmucken Häuser bauen, die heute noch, frisch restauriert, der Stolz der Gemeinde sind.

Reiche Bürger begannen allmählich, sich auch Weinkeller anzulegen, doch eine richtige Weinbaugemeinde ist Hadersdorf nie geworden, wenngleich hervorragende Heurigenschenken anderes vermuten lassen.

Wenn Sie beim Anblick von Schloß Grafenegg an einen englischen Landsitz denken, dann liegen Sie genau richtig: August Graf Breuner ließ sich im vorigen Jahrhundert (1840–1873) das Schloß vom Wiener Dombaumeister Leopold Ernst im Tudorstil, einer Art Schlössergotik, bauen. Auch der Park wurde, britischen Vorbildern entsprechend, mit vielen exotischen Bäumen angelegt. (Darüber gibt es an der Kassa eine eigene Broschüre.) Seinen Namen hat das Schloß von einem seiner früheren Besitzer, dem kaiserlichen Hauptmann Ulrich Grafenecker. Vorher hießen Festung und Ort nacheinander Asperndorf, Wolfenreuth, Techenstein, Eschpersdorf und Neu-Settenberg. Das seit dem Mittelalter bestehende alte Schloß war durch Jahrhunderte ein Mittelpunkt der Verwaltung.

Breuners Schloß Grafenegg wurde 1945 völlig verwüstet. Da es sich dabei jedoch um den einzigen Schloßbau des Historismus in Österreich handelt, hat man 1967 mit einer gründlichen Renovierung begonnen, die 1984 abgeschlossen werden konnte. Seitdem finden im Schloß regelmäßig Ausstellungen und Veranstaltungen statt.

Die folgenden Orte, die am Wagram aufgereiht sind, haben eines gemeinsam: Die Mehrzahl ihrer Bewohner lebt vom Weinbau, die vielen Keller an der Straße und die weiten Rebflächen sind der Beweis dafür. Über die Qualität des hier gekelterten Weines wurde schon viel geschrieben, aber selbst das beste Schrifttum kann eine Kostprobe nicht ersetzen.

Eine dominierende Lage unter diesen Orten am Wagram besitzt Kirchberg: Der barocke Zwiebelturm der Ortskirche – „Maria Trost auf der Säule" – gilt als eine weithin sichtbare Landmarke.

Die barocke Ausstattung der Kirche täuscht allerdings über das wahre Alter des Gotteshauses hinweg. Denn als Bischof Reginbert von Passau mit dem zweiten Kreuzzug gegen Osten zog, machte er in der Passauer Filialkirche St. Stephan am Wagram halt – so hieß Kirchberg bis 1400. Erst tags darauf legte er den Grundstein für eine weitere Passauer Tochterkirche – St. Stephan in Wien.

Zur Wallfahrtskirche wurde Kirchberg erst, als Kaiser Joseph II. eine knapp außerhalb des Ortes gelegene Gnadenkapelle sperren und abtragen ließ, denn damals wurde die Mariensäule in die Pfarrkirche transferiert.

Neben dem barocken Gotteshaus gibt es in dem eigenartigen, von tiefen Schluchten durchzogenen Ort auf dem Berg auch anderes, das den kurzen Anstieg rechtfertigt. So das Rathaus mit seinem aufgesetzten hölzernen Uhrturm, einem

Taubenkobel nicht unähnlich; ein Marktmanderl, das man von seinem Platz vor dem Rathaus in ein Gebüsch verschleppt hat; eine Dreifaltigkeitssäule mit einem hl. Sebastian, der zeigt, wo der Doktor zu Hause ist, und mit einem hl. Florian, welcher der Feuerwehr die Richtung weist, wo es was zu löschen gibt – nämlich im Wirtshaus.

Und schließlich ist da noch Cordula, das Denkmal einer Dienstmagd. Von ihrem Herrn, dem Bürgermeister eines benachbarten Ortes, geschwängert, starb sie bei der Abtreibung. Reumütig ließ der Ortschef das Denkmal anfertigen, doch der Gemeinderat verbot ihm, das „Schandmal“ aufzustellen. So kauften es die Kirchberger und schmückten damit den Hof der Hauptschule. Ob Cordula den Mädchen eine Mahnung sein soll?

S c h l o ß S t e t t e l d o r f spielte vor mehr als 300 Jahren eine wesentliche Rolle in der Geschichte: 1683 nämlich, als die vereinten christlichen Heere aufmarschierten, um Wien aus der Hand der Türken zu befreien, fand in diesem Schloß der Kriegsrat statt. Am 4. September wurde hier beschlossen, die Osmanen vom Wienerwald her anzugreifen und nicht aus dem Süden, wie es eine andere Strategie vorsah. Im Schloß legten die versammelten Kriegsherren unter dem Oberkommando des Polenkönigs Jan Sobieski den genauen Zeitplan fest, und bei Stetteldorf fand auch die Musterung des Entsatzheeres statt.

Als alles vorbei war, freuten sich die Stetteldorfer am meisten: Mit den Türken waren sie zwar nie in Berührung gekommen, doch hatten sie unter den „Befreiern“ sehr zu leiden gehabt. Nicht das letzte Mal, wie die Geschichte zeigt und wie es dem Schloß noch heute anzusehen ist.

Von der früheren Pracht des Schlosses, das einst mit einem Turm gekrönt war, ist heute nicht mehr viel übrig, selbst die beiden Tore, die Lukas von Hildebrandt geschaffen hat, zeigen starke Verfallserscheinungen. (Das Schloß ist nicht zu besichtigen.)

Seltsamerweise gibt es keinen detaillierten Bericht über jene Tage des Kriegsrates. Nur wer dabei war, weiß man, und was beschlossen wurde. Und daß der Polenkönig einen Schnupfen

In seinen Mauern hielt Jan Sobieski Kriegsrat: Schloß Stetteldorf

hatte. Das geht aus einem Brief hervor, den er von Stetteldorf an seine Frau Maria Kasimira geschrieben hat. Wörtlich heißt es dort: „Ich habe immer Schnupfen und unaufhörlich Kopfweh, obwohl ich in einem Leibchen unter einem Vorhang und warm schlafe…“

Auch Neuaigen besitzt ein Schloß, einen hübschen Renaissancebau, dessen Architektur durch eine auf das Hauptportal zulaufende Kastanienallee markant unterstrichen wird.

Durchaus sehenswert ist im Ort auch die Kirche, ein gotischer Bau aus der ersten Hälfte des 14. Jahrhunderts.

Tullns lange Geschichte spiegelt sich an allen Ecken und Enden der Stadt. Sowohl vom ehemaligen Römerlager Comagena wie auch aus der Zeit, als Tulln die Hauptstadt des Babenbergerreiches war, haben sich Bauwerke erhalten.

Schon von weitem zu sehen ist die Pfarrkirche, die noch aus der Hauptstadtzeit (1040–1120) stammt. Auf gotisch getrimmt und später barockisiert, sind die romanischen Teile der Kirche, vor allem an der Westseite mit dem berühmten Aposteltor, noch klar zu erkennen.

Kurios, daß von den beiden Türmen nur der rechte der Kirche, der andere aber der Stadt gehört. Der linke Turm trug auch, wie aus alten Stichen hervorgeht, lange kein Kreuz. Kurios auch die Nordseite der Kirche, mit den vorgebauten Mauerbögen. Sie stützen das alte Mauerwerk, das – man sieht es deutlich – seit dem Erdbeben des Jahres 1590 ganz schief steht.

Neben der Kirche befindet sich das wohl berühmteste Bauwerk von Tulln, der Karner, einer der schönsten, jedenfalls aber der größte Österreichs. Elfeckig, gut erhalten und durch eine unsachgemäße Renovierung im vorigen Jahrhundert nur wenig verschandelt, ist das Beinhaus ein prächtiges Zeugnis für die einstige Bedeutung der Stadt und den Reichtum ihrer Bürger. Als der Karner erbaut wurde (1240), hatten die Babenberger ihre Residenz zwar schon nach Klosterneuburg verlegt, doch Tulln, am Schnittpunkt des böhmischen und des ungarischen Handelsweges, war noch immer die bedeutendste Stadt des Landes.

Von Kirche und Karner ist es nicht weit hinunter zur Donau, zum Radweg und zum Salzturm, dem letzten Überbleibsel des römischen Kastells Comagena. Auf der Höhe dieses Turms, in der Donau, muß einst die Burg der Babenberger gestanden sein. Sie ist im wahrsten Sinn des Wortes untergegangen.

Stets an die tausend römische Soldaten waren in all den Jahren von der Zeitwende bis tief ins vierte Jahrhundert in Comagena stationiert. Die ersten Soldaten, die hier einrückten, waren alte Haudegen, die vordem im Königreich Comagena Dienst taten.

Die „Ala prima Comagenorum“, frei übersetzt: die „1. Comagener Reiterschwadron“, gab dem Vorposten ihren türkischen Namen. Erst lange nach dem Abzug der Römer nannte man die Ansiedlung den „Ort an der Tulln“.

E 9 Variante Süd

Krustetten (Gemeinde Paudorf) Gasthaus
Zimmernachweis und Auskünfte Tel. 02736/245

Nußdorf ob der Traisen Bank, Gasthaus
Zimmernachweis und Auskünfte Tel. 02783/8402

Traismauer Bahnhof, Arzt, Apotheke, Bank, Gasthöfe, Museum
Zimmernachweis und Auskünfte Tel. 02783/8652

Stollhofen (Gemeinde Traismauer) Gasthaus, Fremdenzimmer

Hilpersdorf (Gemeinde Traismauer) Fremdenzimmer

Gemeinlebarn (Gemeinde Traismauer) Bahnhof, Bank, Gasthaus, Fremdenzimmer

Sitzenberg Arzt, Apotheke, Bank, Gasthaus
Zimmernachweis und Auskünfte Tel. 02276/241

Gutenbrunn (Gemeinde Herzogenburg) Gasthaus

Heiligenkreuz (Gemeinde Herzogenburg) Museum

Hasendorf (Gemeinde Sitzenberg) Gasthaus

Heiligeneich (Gemeinde Atzenbrugg) Arzt, Apotheke, Bank, Gasthaus

Atzenbrugg Bahnhof, Bank, Gasthaus, Museum
Auskünfte Tel. 02275/234

Rust im Tullnerfeld (Gemeinde Michelhausen) Museum
Auskünfte Tel. 02275/241

Langenschönbichl (Gemeinde Langenrohr) Gasthaus
Auskünfte Tel. 02272/7200

Kronau (Gemeinde Langenrohr) Gasthaus

Tulln Bahnhof, Schiffstation, Arzt, Apotheke, Bank, Gasthöfe, Freibad, Hallenbad, Museum
Zimmernachweis und Auskünfte Tel. 02272/4285

Imbach (Gemeinde Senftenberg) Gasthaus, Fremdenzimmer

Senftenberg Arzt, Bank, Gasthaus, Hallenbad
Zimmernachweis und Auskünfte Tel. 02719/2319

Droß Gasthaus, Badeteich, Auskünfte Tel. 02719/8287

Lengenfeld Arzt, Bank, Gasthaus, Badeteich
Auskünfte Tel. 02719/2365

Langenlois Bahnhof, Arzt, Apotheke, Bank, Gasthaus, Campingplatz, Museum
Zimmernachweis und Auskünfte Tel. 02734/2000

Gobelsburg (Gemeinde Langenlois) Gasthaus, Museum, Fremdenzimmer

Hadersdorf Bahnhof, Arzt, Apotheke, Bank, Gasthaus, Freibad, Museum, Auskünfte Tel. 02735/2309

Etsdorf Bahnhof, Bank, Gasthaus, Bademöglichkeit
Zimmernachweis und Auskünfte Tel. 02735/2445

Haitzendorf (Gemeinde Etsdorf-Haitzendorf) Arzt, Apotheke, Bank, Gasthaus, Fremdenzimmer

Grafenegg (Gemeinde Etsdorf) Gasthaus, Museum

Wagram am Wagram (Gemeinde Grafenwörth) Bahnhof, Arzt

Feuersbrunn (Gemeinde Grafenwörth) Bank, Gasthaus, Museum

Fels am Wagram Bahnhof, Arzt, Apotheke, Bank, Gasthaus, Museum, Auskünfte Tel. 02738/2381

Kirchberg am Wagram Bahnhof, Arzt, Apotheke, Bank, Gasthaus, Freibad, Museum
Zimmernachweis und Auskunfte Tel. 02279/2332

Unterstockstall (Gemeinde Kirchberg) Gasthaus

Königsbrunn Bahnhof, Arzt, Bank, Gasthaus
Zimmernachweis und Auskünfte Tel. 02278/2338

Stetteldorf am Wagram Bahnhof, Bank, Gasthaus
Auskünfte Tel. 02278/2453

Neuaigen (Gemeinde Tulln) Bahnhof, Bank, Gasthaus, Fremdenzimmer

Tulln s. Variante Süd

Ihre Route

Wenn Sie bisher die jeweils sportlichere Variante zum Donauradweg gewählt haben, besitzen Sie gewiß schon eine hervorragende Kondition. Diese können Sie auf der Schlußetappe voll ausspielen, denn die Route durch den Wienerwald bedeutet für viele Radfahrer so etwas wie eine Teststrecke. Der Höhenunterschied, den es auf diesen letzten Kilometern zu überwinden gilt, ist beachtlich: von Tulln (180 m Seehöhe) müssen Sie auf den rund 500 m hohen Scheiblingstein, das bedeutet an die 8 km bergauf.

Dabei beginnt alles ganz harmlos. Sie verlassen den Donauradweg in Tulln und radeln auf der Straße nach Königstetten; das ist die ebene Anlaufstrecke quer durchs Tullnerfeld. Die Szenerie wechselt urplötzlich am Ortsende von Königstetten. Dort geht es rechts in vielen Serpentinen den Berg hinan zur Dopplerhütte und weiter durch den Wald fast immer bergauf bis zum schon erwähnten Scheiblingstein, das ist die zweite Abzweigung nach links.

Jetzt folgt eine schöne, 5 km lange Abfahrt nach und durch Weidlingbach. Nach dieser Erholungsphase gibt es nochmals einen 2,4 km langen Anstieg zum „Grüß di a Gott"-Wirt an der Kreuzung mit der Wiener Höhenstraße und eine Abfahrt von 2 km Länge in den Weinort Sievering. Von dort ist es nicht mehr weit ins Stadtzentrum.

PS. : Falls Sie nicht ins Zentrum, sondern in einen anderen Teil der Stadt wollen oder vielleicht gar zum Campingplatz in Hütteldorf, sollten Sie spätestens am Scheiblingstein, vor der Abfahrt nach Weidlingbach, eine Karte zu Rate ziehen. Wenn die Straßen durch den Wienerwald auch nicht autofrei sind, so ist es doch angenehmer, durch den Wald zu fahren, als sich durch den Stadtverkehr zu quälen.

Wissenswertes, Sehenswertes

Auch auf dieser letzten Etappe gibt es noch etwas zu sehen und zu entdecken. Zu sehen: die Kirche von Königstetten. Zu entdecken: den Ribiselwein. Beides steht irgendwie in einem Zusammenhang.

In Königstetten wurde früher Wein gepflanzt, und alle bedeutenden Klöster hatten hier Lesehöfe, zum Beispiel Göttweig den Göttweigerhof, den man mit seinem gotischen Erker und dem barocken Portal noch heute bewundern kann. Die zu diesen Lesehöfen gehörende Kirche ist so alt wie der Weinbau in diesem Gebiet, konkret stammt der Chor der Pfarrkirche bereits aus dem Jahr 1393.

Das mit dem Wein ging bis 1890 gut, dann kam die Reblaus und zerstörte die meisten Weinkulturen. Da kam ein Weinbauer aus Königstetten auf die Idee, die Rebstöcke durch Ribiselstauden zu ersetzen. Seither kann man in Königstetten und anderen Gemeinden der Umgebung auch den Ribiselwein verkosten.

Sie sollten sich die Gelegenheit zum Besuch eines Ribiselheurigen nicht entgehen lassen. Aber Vorsicht, der Ribiselwein ist kein Kindergetränk!

Ihre Route

Im Gegensatz zu ihrem südlichen Pendant ist diese Nordroute eher als flach zu bezeichnen. Nur eine einzige Steigung, jene über den Hügel, auf dem die Burg Kreuzenstein liegt, hat sportlichen Charakter. Der Abschnitt zwischen Seitzersdorf und Unterhautzental ist nur bedingt tourenradtauglich; nach einem längeren Regen können sogar Mountainbiker Schwierigkeiten haben, den Feldweg zu befahren. Diese Passage kann jedoch auf der Straße umfahren werden.

Sie starten also in Tulln, radeln über die Donaubrücke, biegen von der stark befahrenen Straße aber sofort nach rechts, Richtung Trübensee, ab.

Nachdem Sie die Autobahn übersetzt haben, geht es gleich scharf rechts über die Bahn, die Schmida und die Autostraße drüber nach Perzendorf und Schmida.

Dort biegen Sie links ab und radeln über Hausleiten (links) nach Seitzersdorf-Wolfpassing. Ist das Wetter schlecht und Ihr Fahrrad nicht geländetauglich, dann fahren Sie auf der Straße (rechts) weiter über Zissersdorf nach Sierndorf.

Sonst bleiben Sie im Ort nur ein kurzes Stück auf der Straße, biegen dann aber – fast schon am Ortsende, vis-à-vis von einer Mobil-Tankstelle – in den zunächst noch asphaltierten Weg ein. Aus dem Güterweg wird bald ein richtiger Feldweg, der Sie immer geradeaus nach Unterhautzental führt. Jetzt geht es wieder auf der Straße weiter, rechts nach Sierndorf. Dabei müssen Sie die Schnellstraße überqueren: VORSICHT!

Ab Sierndorf radeln Sie durch Hügelland, aber die Steigungen sind sanft. Hatzenbach, Leitzersdorf, Wiesen und Kleinwilfersdorf sind die weiteren Stationen auf Ihrem Weg nach Oberrohrbach.

Von da geht es jetzt über den Berg, die Steigung ist 1,7 km lang, das folgende Gefälle mit 11% ziemlich steil.

Wollen Sie zur Burg Kreuzenstein, müssen Sie nach halber Talfahrt beim Hinweis „Sportzentrum" rechts abbiegen. Die offizielle Auffahrt zur Burg liegt noch ein Stückchen weiter, fast schon am Ortsende von Leobendorf. Dort führt der Weg rechts zur Burg hinauf, links finden Sie die grünen Hinweisschilder eines Radweges, die Sie durch Korneuburg zurück an die Donau und durch Tuttendörfl und Langenzersdorf bis zur Auffahrt auf die Donauinsel geleiten. Von dort ist es nur noch ein Katzensprung bis zu einer der Donaubrücken und ins Stadtzentrum von Wien.

Wissenswertes, Sehenswertes

Das ehemalige Wasserschloß von Schmida ist ein vierflügeliger barocker Bau, der in seinem Kern jedoch aus der Zeit der Renaissance stammt. Man nimmt an, daß der Barockbaumeister Jakob Prandtauer an der Umgestaltung der Anlage in ein Jagdschloß (ab 1709) zumindest beteiligt war.

Hausleiten ist sicher nicht das Dorf, dem man schon beim Durchfahren die große historische Bedeutung ansieht. Bauernhäuser, zum Teil als Zweitwohnsitze zweckentfremdet und verschandelt, weisen auf eine ehemals rein bäuerliche Bevölkerung hin, die mit Ackerbau im fruchtbaren Tullnerfeld und ein paar Weingärten am Steilabfall des Wagrams die Jahrhunderte überdauert hat.

Die Kirche, die sich weithin sichtbar auf der Höhe des ehemaligen Donauufers erhebt, besticht durch ihre Lage. Ihrer Größe und dem Aussehen nach würde man sie einer reichen Bauerngemeinde sehr wohl zutrauen.

Auf den ersten Blick eine schöne Landkirche. Dem zweiten Blick eröffnet sich bereits Besonderes: Romanische, gotische und barocke Bauelemente sind von außen zu erkennen, Fresken, Altarbilder und Porträts von Pfarrherren, geschaffen vom „Kremser Schmidt"; eine seltene Rokokokapelle und ein Pfarrhof in den Ausmaßen eines herrschaftlichen Schlosses bringen Gewißheit, daß St. Agatha mehr gewesen sein muß als eine schöne Dorfkirche.

War es auch!

Hausleiten ist die älteste Mutterpfarre des Weinviertels. Hollabrunn, Schöngrabern und Göllersdorf, um nur die wichtigsten zu nennen, sind aus St. Agatha hervorgegangen.

Da die Pfarre Hausleiten jedoch nicht nur auf kirchlichem, sondern auch auf kulturellem, wirtschaftlichem und kommunalem Gebiet tonangebend war, kam ihr in dieser Kernzone Niederösterreichs eminente Bedeutung zu.

Der Gutshof, an dem Sie auf Ihrem Weg nach Wolfpassing vorbeikommen, gehört nicht der Pfarre Hausleiten, sondern hängt historisch mit dem Schloß Schmida zusammen. Haghof und Schloß waren im Besitz der Grafen von Hardegg. Die ehemalige Kapelle dieses Betriebes wurde in einen Schüttkasten verwandelt, nur der Chor dient noch als Gruftkapelle.

Das Schloß von Sierndorf ist ein einfacher Vierkantbau – und dennoch weltweit von historischer Bedeutung. Von hier kam Fürst Josef Colloredo, der jenen Verein gegründet hat, aus dem später das Rote Kreuz hervorging.

Die Burg Kreuzenstein, markante Silhouette am Rande des Korneuburger Beckens, ist kein originärer Bau. Aber sie steht an der Stelle einer Feste, die in den Schwedenkriegen bis auf die Grundmauern zerstört wurde. Errichtet wurde Kreuzenstein Ende des vorigen Jahrhunderts von dem kunstsinnigen Grafen Wilczek, der mit der schmucken Burg den 11.000 Kunstgegenständen, die er aus ganz Europa zusammengetragen hatte, einen würdigen Rahmen geben wollte. Und nicht nur das: Da zahlreiche Bauelemente, die der fanatische Sammler anderswo hatte abtragen lassen, gleichfalls Verwendung finden sollten, wurde der ganze Neubau auf diese kunsthistorisch wertvollen Stücke abgestimmt. Daraus erklärt sich die Harmonie, in der sich die Burg dem Besucher präsentiert.

Beispiele für dieses Bauen nach Vorgabe gibt es auf Burg Kreuzenstein genug. Wenn wir etwa finden, daß der Kaschauer Gang, der den Burghof überspannt, für Kreuzenstein wie gemacht erscheint, so ist das nicht richtig. Es ist gerade umgekehrt: Die Burg wurde auf die aus Kaschau stammende Orgelempore abgestimmt.

Welcher Art von Sammler der einstige Burgbesitzer war, zeigt der Tisch in der unterirdischen Burgküche. Das mit 7,5 m Länge und 1,5 m Breite größte Eichenbrett Europas diente im Salzburger Land als Steg. Wilczek ließ einen neuen, eisernen Steg bauen und schaffte das Brett auf der Donau nach Korneuburg.

Ob der Name Korneuburg tatsächlich etwas mit Korn zu tun hat, ist nicht zu ergründen. Aber irgendeinen Zusammenhang muß es geben, davon zeugt der Rattenfängerbrunnen auf dem Hauptplatz, größer und schöner als der in Hameln. Die

Korneuburger sind nämlich heute noch überzeugt, daß sich die Geschichte vom Rattenfänger in ihrer Stadt abgespielt hat, in der es in früheren Zeiten viele Getreidespeicher gegeben hat. Und lange bevor Hameln die Rattenbekämpfer für sich reklamiert habe, hätte man sich die rührselige Geschichte schon in Korneuburg erzählt.

Das Rathaus mit seinen glasierten Dachziegeln, vor dem der Rattenfängerbrunnen steht, ist ein neugotischer Bau, keine hundert Jahre alt. Nur der Turm, um den das Verwaltungsgebäude gebaut wurde, stammt aus dem 14. Jahrhundert.

Die dritte Sehenswürdigkeit der Stadt ist die Augustinerkirche, in der es Bilder von Anton Maulpertsch und vom „Kremser Schmidt“ gibt.

Falls Sie es brauchen

E 10 Variante Süd

Königstetten Arzt, Bank, Freibad
Zimmernachweis und Auskünfte Tel. 02273/2223

Weidlingbach (Gemeinde Klosterneuburg) Gasthaus

E 10 Variante Nord

Schmida (Gemeinde Hausleiten) Gasthaus

Hausleiten Bahnhof, Arzt, Apotheke, Bank, Gasthaus
Auskünfte Tel. 02265/267

Seitzersdorf-Wolfpassing (Gemeinde Hausleiten) Gasthaus

Unterhautzental (Gemeinde Sierndorf) Gasthaus

Sierndorf Bahnhof, Arzt, Apotheke, Bank, Gasthaus, Badeteich
Zimmernachweis und Auskünfte Tel. 02267/2225

Leitzersdorf Arzt, Apotheke, Bank, Gasthaus
Auskünfte Tel. 02266/3455

Oberrohrbach (Gemeinde Leobendorf) Gasthaus, Fremdenzimmer

Leobendorf Bahnhof, Arzt, Bank, Gasthaus, Museum
Zimmernachweis und Auskünfte Tel. 02262/66151

Korneuburg Bahnhof, Arzt, Apotheke, Bank, Gasthaus, Hallenbad

Langenzersdorf Bahnhof, Arzt, Bank, Gasthaus, Freibad, Museum

Ortsverzeichnis

Absberg 112
Adletzberg 106
Aggsbach Dorf 85, 86, 89, 103
Aggsbach Markt 95
Aggstein 90
Aggstein, Ruine 86, 89
Ahrenberg 106
Aisthofen 58, 66
Albrechtsberg 85, 88, 103
Altenburg 58, 60
Altenhof 18, 22
Altenhof, Schloß 20
Anzendorf 85, 103
Ardagger Markt 56, 57, 65
Artstetten 81, 83, 84
Aschach 11, 23–30, 34
Asing 10
Atzenbrugg 106, 110, 124
Au 54, 65
Aumühle 68, 69
Außertreffling 50

Bach 50
Bad Kreuzen 68
Baulanden 77
Benking 95, 104
Blindendorf 51
Brandstätter 69
Bruck bei Tödling 42
Brunnkirchen 105

Clam, Burg 60, 61

Diendorf 112
Dorferhäuser 69
Droß 111, 114, 125
Ebelsberg 42
Edla 56
Eferding 30–32, 40
Egelsee 95, 100, 104
Emmersdorf 81, 84, 94, 104
Empfing 56, 65
Engelmannsbrunn 112
Enns 43, 47–49, 53
Ennsdorf 43, 53
Erla 54, 65
Esternberg 9, 10, 14, 21
Etsdorf 112, 125

Feldkirchen 34, 41
Fels am Wagram 112, 125
Feuersbrunn 112, 125
Fisching 42
Forndorf 58
Forst 31, 40
Fraham 31, 40
Frauendorf 105, 106
Freinberg 9, 14, 21
Freizell 20
Furth 86, 103

Gemeinlebarn 106, 124
Gerastorf 18
Gerolding 86, 89, 103
Geyersberg 86
Gobelsburg 112, 116, 125
Goßam 94, 104
Gottsdorf 84
Göttweig, Stift 85, 86, 92, 103
Grafenegg, Schloß 118, 119, 125
Gramastetten 34, 36, 41
Grein 54, 56, 58, 59, 62–65, 67, 68
Großweichselbach 76, 77
Gut am Steg 95
Gutenbrunn 106, 124

Hadersdorf 112, 118, 125
Haibach ob der Donau 11, 23, 25, 26, 29
Haid 50
Haindorf 116, 117
Haitzendorf 112, 125
Haizing 24
Hart 24
Hartkirchen 30, 32, 40
Hasendorf 106, 108, 124
Hastorf 18
Hatzenbach 130
Hausleiten 129, 131, 134
Heiligeneich 106, 124
Heiligenkreuz 106, 110, 124
Hilpersdorf 106, 124
Hippersdorf 112
Hochhaus 18
Hofamt 81
Hofkirchen im Mühlkreis 18–20, 22
Hohenbrunn, Schloß 47
Hötzendorf 18
Hub 77
Hundsruck 18
Hütteldorf 106, 127

Imbach 111, 113, 114, 125
Innernstein, Schloß 59, 60
Inzell 28
Ipfdorf 42

Joching 99, 104

Kappel 18, 21
Karlingberg 58, 66
Katsdorf 50, 51, 53
Kellberg 17, 20, 21
Kendl 76, 84
Kirchberg am Wagram 112, 119, 125
Kirchberg-Thening 31, 40
Klam 59, 66
Kleinwien 86, 103
Kleinwilfersdorf 130
Klendorf 50
Kobling 26, 28
Kochholz 86
Königsbrunn 112
Königstetten 126, 128, 134
Korneuburg 130, 132–134
Krämpelstein, Ruine 14
Krems 85, 86, 94, 95, 101, 102, 105, 111
Krems-Stein 95, 100, 101, 103
Kreuzenstein, Burg 129, 130, 132
Kronau 106, 124
Krustetten 105, 124

Lacken 24
Landfriedstetten 76
Landshaag 27, 29
Langenlois 112, 115, 116, 125
Langenschönbichl 106, 124
Langenzersdorf 130, 134
Leiben 81, 83, 84
Leitzersdorf 130, 134
Lengenfeld 111, 125
Leobendorf 130, 134
Leonding 30, 31, 40
Leppersdorf 31, 40
Lerchfeld 86
Lettental 59
Lindham 34, 41
Linz 30, 31, 34–40, 42, 50
Loosdorf 85, 103
Losau 81
Lungitz 51, 53

Marbach 81, 82, 84
Maria Laach 95–97, 104
Maria Langegg 85, 86, 90, 91, 103
Maria Taferl 81–84
Marsbach, Schloß 19, 20
Mauer 86, 88, 103
Mautern 86

Mauthausen 42, 43, 50–54, 58
Melk 76–79, 81, 84, 85, 94
Metzling 84
Mitterarnsdorf 86
Mitterberg 11, 21
Mühldorf, Schloß 34, 36
Münzbach 58–60, 66

Nesselstauden 86
Neuaigen 112, 122, 125
Neubau 85
Neuhaus, Schloß 27, 28
Neulichtenberg 35, 41
Neustadtl 67, 75
Niederranna 19, 22
Nölling 86, 103
Nußdorf ob der Traisen 105, 124

Oberbergern 86, 103
Oberfucha 105
Oberholz 67
Oberkappel 18, 22
Obermühl 26, 28, 29
Oberndorf 95, 104
Oberrohrbach 130, 134
Oberthalheim 81, 84
Oed 56, 65

Palt 86, 105
Panholz 68
Pasching 31, 58, 66
Passau 9, 12, 13, 17, 21
Paudorf 86, 103
Perg 58, 66
Persenbeug 74, 84
Perzendorf 129
Pesenbach 34, 36, 41
Petzenkirchen 76, 84
Pichling 42, 53
Pielach 85
Plaimberg 86
Pömling 81, 84
Priehetsberg 59
Priel 111
Pyburg 43, 53

Raffelstetten 42
Rehberg 111, 114
Ried 105
Rienberg 30
Roggendorf 85, 103
Rosenfeld 85
Rothenkreuz 17, 18
Ruprechtshofen 77, 84
Rust im Tullnerfeld 106, 110, 124

Samesleiten 43, 47, 53
Sarling 76, 84
Schallaburg 88
Scharten 31, 33, 40
Schaunberg, Burg 30, 32, 40
Schenkenbrunn 86, 103
Schlögen 9, 11, 17, 21, 23, 26, 28
Schmida 129, 131, 134
Schober am Aichberg 31, 40
Schöndorf 54
Schwertberg 58, 66
Seebach-Unterleiten 31, 40
Seitzersdorf-Wolfpassing 129, 134
Senftenberg 111, 114, 125
Sierndorf 129, 130, 132, 134
Sittendorf 112
Sitzenberg 106, 108, 124
Spielberg 85
Spitz 95, 96, 98, 104
St. Aegidi 10, 14, 21
St. Agatha 21
St. Florian 42–47, 53
St. Leonhard am Forst 77, 78, 84
St. Martin 67, 75
St. Martin im Mühlkreis 27–29
St. Michael 98, 104
St. Oswald 69, 72, 75
St. Pantaleon 54, 65
Starnwörth 112
Stein 54
Steinaweg 86, 103

Steinerberg 27
Steinreith 50
Stephanshart 56, 65
Stetteldorf am Wagram 112, 120–122, 125
Stixendorf 95, 104
Stollhofen 105, 106, 124
Strengberg 54, 57, 65
Stroheim 30, 40

Thal 86
Thürnbuch 54, 65
Thürnthal 112
Traismauer 105, 107, 108, 124
Traunleiten 42, 53
Trübensee 112
Tulln 105, 106, 111, 112, 122, 124, 126, 129
Tuttendörfl 130

Umbach 86
Unterbierbaum 81
Untergriesbach 18, 20, 21
Unterhautzental 129, 134
Unterholz 67
Unterhörnbach 59
Untermühl 26, 27, 29
Unterstockstall 112, 125
Unterthalheim 81

Vichtenstein 10, 14, 21
Vichtenstein, Burg 14
Viehtrift 70

Wagram am Wagram 112, 125
Waldhausen 68, 69, 71–73, 75
Waldkirchen am Wesen 10, 16, 21
Watzendorf 106
Weghof 77
Weidlingbach 126, 127, 134
Weinzierl 58
Weinzierl am Wald 95, 104
Weißenkirchen 95, 99, 100, 104
Wien 10, 126, 129, 130
Wiesen 130
Windpassing 43, 53
Witzmannsdorf 54, 65
Wolfstein 86, 89
Wösendorf 99, 104
Wüstenberg 18, 21

Ybbs 67, 68, 70, 74–76, 81

Zeillern 56, 65
Zeiselberg 112
Zeißing 95, 104
Zinsenhof 77
Zissersdorf 129

Wo Gastlichkeit noch großgeschrieben wird!

(In topographischer Reihenfolge.)

ST. AGATHA

Urlaub in St. Agatha – ist Urlaubsvergnügen ohne Streß, Enntspannung bei echter Gastfreundschaft, fernab von großen Tourismusströmen. Zwischen Passau und Linz, südlich der Donauschlinge liegt das Erholungsdorf St. Agatha in einer naturbelassenen Landschaft in 600 m Höhe.
Auf erholsamen Wander- und Radwegen kann man die herrliche Aussicht zum Böhmerwald und zu den Alpen genießen. Sportanlagen (Tennis, Schwimmbad, Asphaltbahnen, Angeln, Billard) laden zum Aktivurlaub ein. Familienfreundliche Gastbetriebe mit bodenständiger Küche sorgen für Ihr leibliches Wohl.

Auskünfte gibt gern der Tourismusverband:
A-4040 St. Agatha, Kirchenplatz 1
Tel. 07277/8255-15, Telefax 07277/8255-12

Terrassencamping „Schlögen"

Pension-Restaurant, **A-4083 Haibach**

Tel. 07279/241, aus D: 0043/7279/241
Fax 07279/241 22, aus D: 0043/7279/241 22

1. Etappenziel am Donauradweg Passau–Linz

Unser Betrieb ist idyllisch direkt an der Donau gelegen, an der berühmten Donauschlinge. Das Gästehaus am Campingplatz verfügt über Komfortzimmer (Dusche, WC, Telefon und Farb/TV), Restaurant, donauseitigem Gastgarten sowie beheiztes Freibad

Frühstückspension Kocher

Josef und Matha Kocher-Oberlehner

A-4084 St. Agatha, Stefan-Fadinger-Str. 6
Tel. 07277/8308, aus D: 0043/7277/8308
Fax 07277/8711-80
Ein Haus für Frohsinn und Geselligkeit. Wir bieten Pedalrittern günstige Nächtigung mit erweitertem Frühstück von öS 220,– bis öS 260,–. Einbettzimmerzuschlag von öS 60,– bis öS 90,–. Alle Zimmer mit Ducsche und WC oder Bad. Im Neubau TV und Telefonanschluß. Einstellmöglichkeit für Fahrräder. Abholung samt Fahrrad und Gepäck in Schlögen und Kobling (Obermühl)